本书得到 2018 年度青岛市社会科学规划研究项目
"九水模式：李沧社区治理创新报告"（QDSKL1801285）资助

九水模式：
李沧社区治理创新报告

Jiu Shui Mo Shi: Li Cang She Qu Zhi Li Chuang Xin Bao Gao

王义　著

中国海洋大学出版社

·青岛·

图书在版编目(CIP)数据

九水模式:李沧社区治理创新报告/王义著. 一
青岛:中国海洋大学出版社,2019.6
ISBN 978-7-5670-2128-0

Ⅰ.①九… Ⅱ.①王… Ⅲ.①区(城市)—社区管理—
研究报告—青岛 Ⅳ.①D669.3

中国版本图书馆 CIP 数据核字(2019)第 236852 号

出版发行	中国海洋大学出版社			
社 址	青岛市香港东路 23 号		**邮政编码**	266071
出 版 人	杨立敏			
网 址	http://pub.ouc.edu.cn			
订购电话	0532-82032573(传真)			
责任编辑	孟显丽 刘宗寅		**电 话**	0532-85901092
印 制	北京虎彩文化传播有限公司			
版 次	2019 年 6 月第 1 版			
印 次	2019 年 6 月第 1 次印刷			
成品尺寸	170 mm×230 mm			
印 张	12.5			
字 数	222 千			
印 数	1~400			
定 价	38.00 元			

前 言

社区是社会的细胞,社区治理更是社会治理的基础。党的十八大报告第一次使用了"社区治理"一词,要求"加快形成党委领导、政府负责、社会协同、公众参与、法治保障的社会管理体制",指明了社区治理体制变革的目标和方向。党的十九大报告指出,要"加强社区治理体系建设,推动社会治理重心向基层下移,发挥社会组织作用,实现政府治理和社会调节、居民自治良性互动"。2017年6月,中共中央、国务院印发了《关于加强和完善城乡社区治理的意见》(以下简称《意见》),这是我国历史上第一个以党中央、国务院名义出台的关于城乡社区治理的纲领性文件。《意见》强调,"城乡社区是国家治理的基本单元",要"全面提升城乡社区治理法治化、科学化、精细化水平和组织化程度,促进城乡社区治理体系和治理能力现代化"。城乡社区治理体系和治理能力现代化既是国家治理体系和治理能力现代化的组成部分,又是实现国家治理体系和治理能力现代化的重要抓手。推进社区治理创新成为我国社区治理现代化的一项重要任务。

李沧区对社区治理现代化进行了积极探索,取得了显著成效。李沧区现有115个社区,其中城市社区77个、村改居社区38个。近年来,李沧区根据社区发展实际不断加大社区治理的创新力度。一是打造三级公共服务平台,夯实社区治理创新的基础。李沧区投入了3.6亿元资金打造区、街、居三级综合服务平台,包括投资2 000万元创建青岛市社会组织创新园,成功孵化了20余家社会工作专业机构;建立了街道级市民中心,其中面积在2 000平方米以上的有21处;设立了社区邻里互助中心,打造了社区主体多元参与平台。二是发挥党组织优势,构建党建引领社会治理创新机制。李沧区在沧口街道紫荆园社区探索建立了党委领导、群众自治、依法协商、民主集中的协商新机制;建立了毕家上流乡贤理事会,通过引入公益类、服务类、专业类机构的方式,设置了"新市民融入""呵护花开"等20余个项目。三是创新服务模式,构建民生服务新格局。李沧区强化了社区在党组织领导下服务群众的主体作用,着力在青少年、老龄群体、困难群体以及新市民等30多个领域拓展社区服务空间。李沧区开办的各类服务项目已覆盖了50余个社区,服务于20余万居民。李沧区全力打造服务型基层党组织,搭建了"沔阳e家亲""i沧口""楼长微信群"等平台,架起社区和居民之间的"服务桥",拆掉了制度"隔离墙",让外来务工人员等弱势群体、社区社会组织、物业公司等平等地参与到社区建设和服务中。四是加强社区人才政策创新。李沧区先后印发了《李沧区加快培育发展社区社会组织的发展规划》《李沧区城市社区专职类工作人员管理暂行办法》等文件,把专业社工和机构建设纳入李沧区"十三五"规划;建立了社区人才培养、考核、激励、退出机制;建立了李沧区社工培训基地,汇聚了青岛托普职业学校等机构的力量,打造了"1+N"社工人才发展实践平台,并与山东大学、中国海洋大学、青岛大学、青岛科技大学等高校的专家学者联合构建了"五级"能力培训体系与就业创业一体化框架。

李沧区的社区治理创新工作得到了上级党委和政府的充分肯定。该区先后获得了"全国和谐社区建设示范城区""全国养老服务示范单位""全国社会工作服务示范区""山东省社区治理暨养老服务创新实验区""山东省社会组织建设创新示范区"等荣誉称号。

在李沧区社区治理创新中,九水街道是一个新典型。九水街道地处李沧院士港核心区,辖区面积为29.7平方千米,共有人口2.4万;设有11个社区,其中村改居社区9个、新建城市社区2个,这11个社区主要分布在李村河、金水河两岸。为了贯彻落实党的十九大精神,按照李沧区委区政府的要求,九水街道推出了"党建引领惠民生"工程,通过工程的实施加快了社区治理创新的步伐,形成了"一核两翼""三维互动"的社区党建与民生发展模式,社区治理工作取得了良好效果,初步回答了在社区层面如何通过社区党建推动民生事业发展,提高居民安全感、满意感、幸福感这一重大问题。"一核"就是在社区治理中突出党建引领,以社区党组织建设为核心,通过打造社区党建品牌实现社区党建工作创新。"两翼"中的一翼是指吸引社会组织、社区居民参与社区治理,发挥其在民生建设中的积极作用;另一翼是指加强社区服务的制度化体系建设。"一核"引领"两翼","两翼"在"一核"的领导、协调下联动,从而将党的领导、社会协同、居民的有效参与融为一体,为实现新时代社区共建共治共享闯出了一条新路。

总结和提炼社区治理的创新成果是理论工作者的重要责任和使命。2016年5月17日,习近平总书记在哲学社会科学工作座谈会上的讲话明确要求:"一切有理想、有抱负的哲学社会科学工作者都应该立时代之潮头、通古今之变化、发思想之先声,积极为党和人民述学立论、建言献策,担负起历史赋予的光荣使命。"遵循这一要求,笔者深入社区实际,记录九水街道社区治理创新的最新成果,并对此进行理论分析。

从学术视角看,社区治理创新有三种模式:探索性创新、累积性创新和学习性创新。探索性创新属于原创性创新,是所有创新中最难实现的。累积性创新强调创新过程不能一蹴而就,一切创新都不是心血来潮的偶然产物,而是通过长期的、有意识的学习和探索实现的;累积是量变到质变的过程,创新成果的诞生是逐步累积并升华的结果。学习性创新类似于模仿型创新,是对别人经验的仿制、复制。就一般意义和实际情形而言,社区治理创新往往是这三种创新模式的集合体,既有探索性创新,也有累积性创新和学习性创新。

九水街道社区将三种社区治理创新的模式结合起来使用,在社区治理创新中取得丰硕成果。比如,党建品牌矩阵和积分制在全省、全市属于首创;村民议事会、楼院议事厅等既是长期累积的产物,也是向先进地区学习的结果。当然,不同类型的社区因经济发展水平、社区干部和居民的思维模式以及其他方面如历史环境等存在差异,社区治理创新的模式、方法以及成果等也就有所不同。这是毫不奇怪的。如前文所言,九水街道是一个以村改居社区为主的街道,社区治理面临着村民向市民转变、村庄治理模式向城市社区治理模式转型的挑战。九水街道社区治理创新就是在这样的条件下展开的。九水街道社区治理创新工作呈现出以下三个重要特点。

第一,统一部署和强力推进。面对村改居以后出现的各种问题,九水街道党工委深刻认识到推进社区治理的重要性和紧迫性,紧紧围绕影响社区治理的重点、难点、痛点、堵点,深化改革,统一部署,定向发力;按照中央及省、市委"一分布置、九分落实"的要求,稳基础,攻"山头",炸"碉堡",层层落实目标责任制,确保每一个社区都动起来,形成社区之间比、学、赶、帮,相互学习、借鉴,协调推进的良好局面。

第二,充分发挥专业社会组织和社会智库的作用。社区干部有着丰富的村庄治理经验,但面对社区的新环境和社区治理创新的新要求,出现了一定程度的本领恐慌。为此,区委区政府一方面根据换届后的实际情况,加大了对两委班子成员和骨干成员的培训力度;另一方面运用社会力量为社区找帮手。九水街道先后引进了五个社会组织和一个社会智库帮助社区推进社区治理创新工作。这五个社会组织分别是立德社会服务中心、咏年楼、贝杉社会服务中心、12349、仁心社区服务中心。李沧立信社会管理咨询中心受聘成为社区管理创新的智库。该中心是一家专业性智库,由中国海洋大学、青岛大学等高校专家组成,为九水街道社区治理创新提供咨询、评估和指导。

第三,以工程、品牌、标准为抓手,完善社区治理创新体系。九水街道推出"党建引领惠民生"工程,将社区治理创新融入这一工程中。在推进工程中创新,在创新中推进工程,这是九水街道社区治理创新的最突出特色之一。同时,为了更好地发挥党组织的引领作用,九水街道在各个社区打造党建品牌,形成党建品牌矩阵,推进社区党建工作上水平、上台阶。服务民生是社区治理的落脚点和目标指向。九水街道大力推进民生服务体系建设,注重服务的标准化、规范化、精细化,运用项目制、积分制等方式推进社区便民利民服务体系的构建。

本书较为全面地介绍了九水街道的社区治理创新工作及其成果。同时,为了体现理论对实践的指导作用,本书在内容结构上安排了《理论篇》,对国内外社区治理研究现状做了全面系统的梳理,并对相关的社区治理理论、技术等做了简介和说明,为从理论上阐释九水街道社区的治理创新实践提供依据。

社区治理创新是一个不断发展演进的历史过程。本书以九水街道为立足点,试图从九水看全国、从全国看九水。本书在《理论篇》和《实践篇》外,特别增加了《发展展望篇》,目的在于总结社区治理创新的普遍性规律,科学预测社区治理创新的发展方向,为我国社区治理创新提出更为宏观的建议。

王义

2019 年 3 月 6 日

目　录

附 录

第一部分

理 论 篇

第一章 >>

国内外研究现状

"社区"这个词虽然是一个舶来品,但在我国的应用已经走过了30多年的历程。作为居民生活共同体,社区是所有居民不可或缺的精神家园。社区治理是社会治理的"浓缩版",是国家治理的基础。学术界始终在关注社区治理,对其进行了多角度的研究,取得了丰硕成果,为推进社区治理提供了强有力的理论支撑。

一、国内研究

在中国知网输入"社区治理"一词时,显示的研究成果近万条,由此可见社区治理研究成果之丰硕。这里统计的只是论文,还不包括学术专著;若将论文与学术专著加在一起,总量会更加惊人。学术界对社区治理的关注点很多,概括起来,主要涉及以下几个方面。

1. 关于社区治理的合格主体及其结构。社区治理的合格主体都有哪些,各个主体在社区治理中分别承担着何种任务,各个主体之间具有什么样的关系,是社区治理研究必须要明确的问题。我国多数学者认为,社区治理从单一走向多元是社区治理现代化的必然要求,"通过搭建多主体参与社区公共事务治理的平台,才能为基层社会治理提供现实基础。通过形成多元主体协作共治的合作机制,才能提高社会力量参与社区治理的自愿性、积极性和主动性"①。

主体之一——基层党组织。2017年6月,中共中央、国务院印发了《关于加强和完善城乡社区治理的意见》(以下简称《意见》),强调社区治理要坚持中国共产党的领导,固本强基的关键是充分发挥基层党组织的领导核心作用,要把加

---

① 胡振光:《从单一主体到多元结构:社区治理结构研究述评》,《社会科学动态》,2017年第12期,第92页。

强基层党的建设、巩固党的执政基础作为贯穿社会治理和基层建设的主线，以改革创新精神探索加强基层党的建设的途径。从这个文件的规定看，基层党组织不仅是社区治理的主体而且是核心，其核心作用发挥得如何将直接影响到社区治理效能。但是，核心作用除了保证政治方向之外还有哪些，在实际工作中应该如何体现？王海荣等学者认为，目前学术界对此研究不够，就党建研究党建的多，"缺失理论建构，存在着基于解释能力的一般性问题，无法达致对中国基层社会变迁和政治秩序的准确理解和把握"[①]。很多学者指出，从我国社区实际运行情况看，部分基层党组织发挥的作用不理想，有的基层党组织存在作风涣散、沟通不畅等问题。[②] 有的"小区党支部没有办公场所，小区党支部书记年龄偏大，缺乏报酬，工作积极性难以保证。同时，有的党组织党务工作者水平不高，办法不多"[③]。要发挥党组织的核心作用，必须强化党组织的同心圆功能和连心桥作用，构筑"一核多元"和"一核多能"的社区治理和服务创新的全新架构。[④]

主体之二——政府。除了党组织之外，社区治理的一个重要主体就是政府。社区日常治理活动多数都与政府有关。社区安全、环境卫生、文化教育、体育、养老、残疾人保障等都是政府工作的重要内容。遵循中央文件的要求，政府负责社会治理，社区治理作为社会治理的组成部分当然也应由政府负责。在传统意义上，社区治理中的政府起着"控制作用"；在新型社区治理结构中，政府发挥着引导与整合作用，"旨在引导社区多元权力主体嵌入社区治理实践，而将社区中处于总体分散、局部协作状态的多元力量从多元分散的合作关系引向基于各权力主体比较优势之上并进行互补合作的协同共治"[⑤]。这表明随着新型社区治理模式的兴起，政府的功能定位正在发生着明显的转变。从微观层面上看，在社区治理过程中政府对社区治理的影响是多方面的，其中既有正面的也有负面的，负面影响如政府对社区干预过多、社区居委会疲于应付上级安排而严重削弱了社区自治能力。这一点不仅被很多学者所诟病，而且也困扰着社区工作者。

主体之三——居民委员会。《中华人民共和国居民委员会组织法》规定，居

---

① 王海荣等：《党建引领城市社区治理创新：问题与发展》，《中共福建省委党校学报》，2018年第2期，第46页。

② 李青文：《党建引领下的城市社区治理机制研究》，《齐齐哈尔大学学报》，2018年第5期，第36页。

③ 曹海军：《党建引领下的社区治理和服务创新》，《政治学研究》，2018年第1期，第95页。

④ 同③。

⑤ 郑如茹，刘中起：《近年来我国城市社区权力秩序研究述评》，《上海行政学院学报》，2018年第5期，第102页。

民委员会是居民自我管理、自我教育、自我服务的基层群众性自治组织,其任务有六项:① 宣传宪法、法律、法规和国家的政策,维护居民的合法权益,教育居民履行依法应尽的义务,爱护公共财产,开展多种形式的社会主义精神文明建设活动;② 办理本居住地区居民的公共事务和公益事业;③ 调解民间纠纷;④ 协助维护社会治安;⑤ 协助人民政府或者它的派出机关做好与居民利益有关的公共卫生、计划生育、优抚救济、青少年教育等项工作;⑥ 向人民政府或者它的派出机关反映居民的意见、要求和提出建议。就目前居委会的实际运行情况看,居民自治的功能远远没有得到体现,居委会的功能异化十分严重、行政化色彩浓厚。① 造成这一现象的原因有很多,居委会受制于政府的"领导与考核"是其中很关键的因素。在居委会需要完成的任务中,接受上级委派或者指令安排的有时多达上百项,而属于自治的事项很有限。长此以往,居民对居委会的归属感和向心力必然下降。为解决这个问题,各地出台了一些办法,学术界也进行了深入探讨。有的主张采取清单制,制定"社区事务准入清单、社区法定职责清单和社区公共服务清单"②,通过这种方式为社区减负并还原社区的自治功能。有的主张培育更多的社会组织,通过政府购买社会组织服务,为社区居委会排忧解难。实践证明,社会组织凭借其"草根""亲民""非营利性"以及志愿驱动下的强烈社会导向等特征,"在化解城市社区矛盾过程中发挥了重要作用"③。

主体之四——社区社会组织。社区社会组织是指那些扎根社区的各种社团等非营利性组织。这些组织属于社会力量,在社区治理中发挥着越来越重要的作用,"正在成为我国社区治理现代化中一支不可或缺的主体力量"④。2017年12月民政部印发的《关于大力培育发展社区社会组织的意见》指出,要"发挥社区社会组织在提供社区服务、扩大居民参与、培育社区文化、促进社区和谐等方面的积极作用"。该文件全面肯定了社区社会组织的正向功能,但社区社会组织的实际情况与文件要求差距很大。学者们对此进行了多角度分析。⑤ 有的学者认为,当前社区社会组织还处在发展的初级阶段,面临着资金短缺、人才不足等

---

① 戴雯洁:《城市社区治理中存在的问题与对策研究》,《法制与社会》,2018年第2期,第126页。

② 叶良海等:《清单式治理:城市社区治理新模式》,《学习与探索》,2018年第6期,第108页。

③ 陈蕾:《社会组织参与城市社区矛盾化解的影响因素》,《党政论坛》,2018年第9期,第38页。

④ 高红:《社区社会组织与城市基层合作治理》,人民出版社,2016年,第4页。

⑤ 于兰华等:《社区社会组织发展的现实阻遏与策略》,《湖北行政学院学报》,2017年第6期,第74页。

问题。我国社区社会组织不仅缺乏有效的培育主体,而且缺乏自主性。① 加快社区社会组织的发展,需要采取健全法律法规、建立组织上的长效机制等措施。②

主体之五——社工。社工是活跃在社区的具有专业化技能的社会工作者,是社区治理一支不可或缺的力量。在社区服务越来越精细化的时代背景下,专业社工的重要性日益突出。学术界对社工的关注点集中在以下几个方面。一是社工的组织机构建设。社工要发挥作用,必须依托组织机构提供的平台。我国民办社工服务机构的发展经历了由缓慢增长到爆发式增长的过程,从 2010 年的500 余家,到 2014 年的 3 300 余家,再到 2017 年的 7 500 余家。民办社工机构是"在政府政策支持和资金支持的双重支持环境下快速发展起来的"③。二是社工激励机制。在现实生活中,专业社工人才留不住的现象比较突出。学者普遍认为,这种状况的出现不仅与社工待遇低有关,而且与社会对社工认同度不高密切相关。④ 三是政府购买社工服务。李芳分析了地方政府购买社工服务面临困境的原因,如政府认识不足、购买机制滞后、资金投入有限、流程不规范等。⑤

主体之六——物业公司。在城市社区治理中,物业公司占有重要地位,社区治安、环境卫生、社区秩序维护等都依赖于物业公司。改革开放以前,我国内地社区没有物业公司,现在有了,这是各地向我国香港等地学习的结果。物业公司作为企业参与社区治理,本身有营利要求。近年来,物业公司与居民、居委会、业主委员会因为收费等问题爆发了很多冲突,有的甚至进入法律诉讼程序。对此,有学者指出,"拖欠、拒交物业管理费的现象在全国各地都不同程度地存在,成为困扰物业管理行业的一大顽疾"⑥;"物业管理的诞生及其兴起,顺应了住宅商品化、社会化、社区化的需要",但随着物业服务刚性成本的不断上涨,"城市住宅社区物业企业普遍陷入物业费'收缴难'和'调价难'的双重困局"⑦。有的物业公司在收费问题上,对居民采取分化和差异化对待,并"采取依法追缴、规则运作以

---

① 陈光普:《社区社会组织培育亟待破解多重困境》,《党政论坛》,2018 年第 8 期,第 30 页。

② 同①,第 76 页。

③ 卢磊:《民办社工服务机构:作为一种新型社会组织》,《公益时报》,2018 年 8 月 28 日。

④ 张辉:《亟待构建社工文化认同》,《福建日报》,2016 年 7 月 6 日。

⑤ 李芳:《政府购买社工服务地方推进困境何在》,《中国社会报》,2015 年 5 月 29 日。

⑥ 胡泳灵:《我国物业管理企业经济效益问题探讨》,《甘肃社会科学》,2006 年第 3 期。

⑦ 陈鹏:《城市社区物业费困局及其思考》,《行政管理改革》,2018 年第 6 期,第 48—49 页。

及拉拢积极分子、瓦解钉子户等收费策略"①，对社区内的邻里关系产生了负面影响。为打破物业公司在收费与退出之间玩边缘游戏的窘境，当前"在房屋产权私人化、物业管理市场化以及社区主体权利明晰化等社会环境下，建构有利的物业秩序和'成本—效用'的最佳方案，是经济组织的物业公司与理性业主的共同追求"②。

主体之七——业主委员会。业主委员会顾名思义，是指由物业管理区域内业主代表组成，代表业主的利益，向社会各方反映业主意愿和要求，并监督物业管理公司运作的民间组织。作为参与社区治理的一方，业主委员会代表广大业主与物业公司进行博弈。2016 年住房和城乡建设部发布的《业主大会和业主委员会指导规则》对业主大会特别是业主委员会的权利、义务做了规定，如业主委员会由业主或者业主大会会议选举产生，一般由 5 ～ 11 人单数组成，业主委员会须向区民政管理部门申请办理登记手续取得社会团体法人资格。但从目前情况看，业主委员会的产生与运行存在明显的弊端。一是业委会普遍长期缺位。学者程鹏指出："业主大会会议的召开，需要通过业委会负责召集和组织。而现实情况是，北京、广州、深圳等一线城市业委会成立比例长期徘徊在 20% 左右，三、四线城市成立比例更低。"二是业主委员会无法人资格。目前《中华人民共和国物权法》和《物业管理条例》均未对业主大会或业委会的法人主体资格进行明确规定，只有北京、温州、武汉等少数地方进行了业主大会法人化试点改革探索。③有关学者注意到这一现象。学者古雨杰指出，业主委员会存在"成立难""选举难""坚持难"的现实困境。④法律界，对业主委员会是否应当具备法人主体资格这一问题存在较大争议。从世界各国的情况看，对业主委员会是否具备法人资格这一问题的看法不一致。多数国家认可业主委员会具备法人主体资格，德国等国家则不承认业主委员会具备法人主体资格。在我国，有些学者认为不能赋予业主委员会独立的民事主体资格，具有社团法人资格的应该是业主大会，业主委员会只是（社团法人）业主大会的常设机构；⑤也有学者持相反意见，主张

---

① 屈群苹：《城市社区物业费收缴的运作逻辑——以南京一房改房社区为例》，《浙江社会科学》，2016 年第 3 期，第 108 页。

② 同上，第 109 页。

③ 陈鹏：《城市社区物业费困局及其思考》，《行政管理改革》，2018 年第 6 期，第 51 页。

④ 古雨杰：《论业主委员会的现实困境——以石嘴山市 X 小区为例》，《法制博览》，2018 年第 19 期，第 157 页。

⑤ 倪念红：《业主委员会法律性质探析》，《理论观察》，2017 年第 12 期，第 120 页。

赋予业主委员会法人主体资格,认为这样有利于保障业主委员会所代表的权利。就现实需求看,赋予业主委员会法人资格成为社区治理发展的必然趋势。

主体之八——居民。居民是社区的主人,也是社区治理的重要参与者。随着社区建设的深入和城镇化的推进,社区居民数量越来越多,分层分化现象也日益突出。如何调动不同需求的社区居民参与社区治理成为学术界关注的问题。因为从本质意义上说,没有社区居民广泛参与的社区治理是缺乏生命力和持久活力的。学者杨敏对居民参与类型做了划分,将居民参与分为四种类型:福利性参与、志愿性参与、娱乐性参与和权益性参与。① 至于参与的实际情况,有的学者经过调查后发现,社区居民的参与存在很多问题,如参与率低且参与内容有限、能动性不高且缺乏广泛性。② 学者王凤丽通过对新疆乌鲁木齐 60 个社区的调查也得出类似的结论,同时还发现了居民参与不均衡、被动参与现象突出等问题。③ 学者陈建国通过对北京的抽样调查认为:"年龄、收入、党员、产权拥有情况、对共同财产维护的意识、个人利益维护意识都对居委会选举起正向显著影响;权利意识、社会资本因素基本都对社区活动参与起正向显著影响。"④ 这从微观视角进一步揭示了影响居民参与的主要因素。提高居民参与的积极性,除了提高居民的主人翁意识外,构建居民参与平台和有效载体成为学界的普遍共识。黄江富提出:"建立居民议事平台,引导居民有事多议、遇事多议、做事多议,激活社区居民自治细胞。"⑤ 王佳主张:"构建社区治理信息共享平台,在公共政策制定过程中充分吸收社区居民的集体智慧,集思广益。"⑥

2. 关于社区治理体制。治理体制指的是社区治理中各个主体的关系架构,即围绕权力与利益确定的主体相互之间的关系。理论界对我国社区治理体制很早就进行了概括,当时还没有提出"社区治理"这一概念,流行的是"社区管理"

---

① 杨敏:《作为国家治理单元的社区——对城市社区建设运动过程中居民社区参与和社区认知的个案研究》,《社会学研究》,2007 年第 4 期,第 142 页。

② 彭越:《城市居民参与社区治理的问题、原因及对策研究——以沈阳市第一城社区为例》,《焦作大学学报》,2018 年第 3 期,第 14 页。

③ 王凤丽:《对新疆各族居民参与城市社区治理的调查研究——以乌鲁木齐城市居民共同参与社区治理调查研究为例》,《中共乌鲁木齐市委党校学报》,2017 年第 4 期,第 25 页。

④ 陈建国:《城市社区治理参与状况及其影响因素——基于北京市问卷调查的实证分析》,《天津行政学院学报》,2017 年第 1 期,第 18 页。

⑤ 黄江富:《社区居民参与机制构建探索——以"我的社区我做主"居民议事会计划为例》,《中国社会工作》,2018 年 22 期,第 46 页。

⑥ 王佳:《构建更好的城市社区治理协调机制》,《人民论坛》,2018 年第 2 期,第 63 页。

的提法,因此,研究的对象就是社区管理体制改革。学者们所提出的模式主要有上海模式、沈阳模式、江汉模式、青岛模式、深圳模式、铜陵模式、百步亭模式等;每一模式各具特点,共同构成了丰富多彩的社区治理图景。

上海模式。上海是我国社区治理的先行者,积累了丰富的社区治理经验。20 世纪 90 年代初期,在社区建设中,上海建立起"两级政府,三级管理,四级网络"为主要特点的社区管理新体制。① 这一体制的核心是以块为主、条块结合的行政主导型管理模式,政府是社区治理的支配性力量。上海模式成为目前我国大多数社区管理体制所参照的范例。

沈阳模式。在社区建设过程中,人们发现社区自治功能逐步弱化,很多社区名实错位,于是开始探索如何实现社区自治。沈阳模式就是在这一背景下产生的。沈阳社区自治模式主要包括以下内容。① 社区的范围"小于街道办事处、大于居委会",社区既不同于上海的街道行政社区,也不同于过去的居委会辖区。② 按照"议行分设"原则,重新构建社区组织结构——社区党组织、社区成员代表大会、社区协商议事委员会、社区委员会。③ 从 2000 年开始,取消社区委员会下属的各工作委员会,建立各种居民协会,促使社区领域与国家领域分离。② 沈阳模式曾经在全国引起热议。到了 2011 年,张平等学者经过调查发现,沈阳社区自治模式也出现了一些问题,不仅自治合力难以形成,而且自治组织发育不全、资金分布"马太效应"严重、各社区之间自治水平差异较大。③ 这说明,受国情的影响,我国城市社区自治的理想与现实之间依然存在着较大差距。

江汉模式。武汉江汉区在承接国家民政部"全国社区建设实验区"任务的过程中,推进体制创新,以社区为平台,通过制度变迁,在每一个社区范围内都实行"行政调控机制与社区自治机制结合、行政功能与自治功能互补、行政资源与社会资源整合、政府力量与社会力量互动"的社区治理模式。江汉模式"适应了城市社会问题社区化的现实,在全国产生了极大的扩展效应,引领了以政府职能社区化为导向的第一轮社区建设浪潮"④。

① 邓念国:《城市基层社会管理模式的演变与比较:从"上海模式"到"杭州模式"》,《中共杭州市委党校学报》,2012 年第 2 期,第 41 页。

② 郎晓波:《城市社区公共事务分类治理模式的实践与创新:以杭州为例》,《甘肃行政学院学报》,2010 年第 6 期,第 29 页。

③ 张平等:《中国城市社区自治的梗阻及其消解》,《东北大学学报》(社会科学版),2011 年第 3 期,第 247-248 页。

④ 卢爱国等:《"江汉模式":新轮改革目标选择、体制创新及可行性》,《湖北社会科学》,2013 年第 1 期,第 38 页。

青岛模式。青岛社区建设起步较早，经过探索形成了"一个中心、两支队伍、三大体系、四级网络"的社区服务模式。[①]"一个中心"是指社区服务中心。青岛市所有的社区都成立了社区服务中心，面积不少于 200 平方米；社区居委会成立了社区服务站。"两支队伍"是指社区服务专职管理人员队伍和服务人员队伍，包括社区志愿者。"三大体系"是指社会福利服务体系、便民利民服务体系和社会事务服务体系。"四大网络"是指在市、区、街、居形成既独立又相互联动的服务网络，区、街两级社区服务中心均建立社区服务居民求助网络，开通以求助电话和求助门铃为载体的"绿色通道"，实现区、街联网。青岛模式在服务供给上呈现的突出特点使青岛模式在全国产生了较大影响。后来，随着市南区社区改革的开展，青岛模式又增添了新的内容并出现了新的变化。

深圳模式。深圳模式就是社区工作站模式，是为了实现政府职能社区化在社区设置承接社区行政事务和社区公共服务的新型制度安排。以深圳为代表的"居站分设"模式的创新之处就是在社区党组织、居委会以外，引入了一个新的管理主体，即独立的社区工作站，专门承担政府职能向社区延伸的任务。这样，社区治理主体发生了结构性变化，其显著特点是以社区治理主体的多元化来满足社区需求的多元化。

铜陵模式。2009 年，安徽省铜陵市在铜陵官山区实行改革，撤"街"并"居"，取消街道办事处，建立"大社区"。这一改革采取"老人老办法、新人新政策"原则，"将原街道、社区人员分流与区政府'大部制'改革有机结合起来，同时将原街道、区直部门的资源整合到社区，全街道资产除满足新社区工作用房外，全部改为居民服务、活动场所"[②]。铜陵模式的要点在于撤销街道办事处，建立由区政府直接领导的大社区。这是对社区治理的重大改革和探索。街道办事处被取消后，如何构建有效的社区治理体系是这次改革必须面对的问题。铜陵的办法是建立以社区党工委为核心，以社区居委会、社区公共服务中心、社会组织为支撑的"一个核心、三个体系"的社区管理组织架构，力图实现各个主体权、责、利的统一。此后，贵阳、大庆等也进行了类似改革。

百步亭模式。百步亭社区地处武汉市江岸区，是全国闻名的社区建设示范点。与以上模式不同的是，武汉百步亭社区没有街道办事处这个管理层级，实行

---

① 窦泽秀：《青岛市社区建设模式的形成及特点分析》，《中共青岛市委党校青岛行政学院学报》，2004 年第 4 期，第 45 页。

② 许婷：《"大社区"建设中政府角色转换的研究——以北京鲁谷模式和安徽铜陵模式为例》，《黑河学刊》，2013 年第 7 期，第 68 页。

扁平式管理,由武汉市江岸区委区政府直接领导,形成"区—社区—居委会"的服务型自治体制。该社区遵照"市场能做的交给市场去做,社会能做的交给社会去做,居民能做的交给居民去做"的指导思想,将住宅及配套的硬件建设"市场化",交给开发公司去承担;将基层公共管理"职能化",用政府行政职能"管理"社区。① 百步亭模式创新了"党的领导、政府服务、居民自治、市场运作"的社区运行机制。②

　　除此之外,也有的学者提出了杭州模式、舟山模式等。社区治理模式的多样化反映了我国社区的复杂性。社区治理模式既与社区发展的历史阶段相联系,也在某种程度上反映了我国各地改革的不同思路和价值取向。

　　3. 关于社区治理绩效。如何评价社区治理绩效一直是学术界关注的一个难题。受多种因素的制约,我国的社区建设与发展缺乏有效的绩效衡量标准,难以像评价政府绩效一样对社区治理绩效进行各个维度的测量。为此,学者们进行了多方努力,试图破解这个难题。

　　学者们围绕社区治理绩效的影响因素研究取得了不少成果。有的学者从社会资本视角分析其对社区治理绩效的影响。例如,王艺在论文《社会资本影响社区治理绩效的因素及机理研究——以郑州市两个社区为例》中对社会资本与社区治理绩效的关系进行了实证研究,提出了提升社区治理自主性、降低社区治理成本的建议。孙小逸、黄荣贵通过对上海 45 个小区调查数据的统计分析,发现居委会的制度能力与社区治理绩效之间存在显著的关系,构建了社区居委会的制度能力测量指标。陆晶婧在《社会转型背景下的邻里空间、制度能力对社区治理绩效》一文中,将社区居委会的制度能力置于更加微观的城市邻里空间中,以行动者－空间为分析框架,探讨了在社区内部资源组织和外部资源获取中对社区治理绩效有影响的因素。③ 王箐指出,社区民主治理绩效评价受到制度、社区组织、社区文化三大因素的影响。④ 何晓柯分析了社区网络论坛对社区治理绩效的影响,并以杭州市大浒东苑社区为例进行了实证研究。⑤

① 刘家用:《武汉百步亭创新社区治理的主要做法和经验启示》,《中国管理信息化》,2015 年第 15 期,第 213 页。

② 张艳国等:《社会生活共同体建设中的百步亭发展之路——武汉市百步亭花园社区调查》,《江汉论坛》,2010 年第 6 期,第 127 页。

③ 田铮:《社区治理绩效研究述评》,《产业与科技论坛》,2018 年第 15 期,第 83 页。

④ 王箐:《城市社区民主治理绩效评估体系的构建与指标设计》,《华东经济管理》,2016 年第 3 期,第 168 页。

⑤ 何晓柯:《社区网络论坛对社区治理绩效影响的实证研究——以杭州市大浒东苑社区为例》,《未来与发展》,2014 年第 11 期,第 51-55 页。

关于社区治理绩效的评价体系建设问题,马建珍等从社区治理现代化的视角进行了深入研究,提出应从社会管理绩效、公共服务绩效、社区公共意识三个维度对社区治理进行观察测量。[①] 邻里关系、弱势群体受关爱程度、治安状况、居民安全感、犯罪率、邻里矛盾构成了社会管理绩效评价的二级指标。公共服务基础设施、公共服务覆盖面、公共服务模式创新、公共服务质量构成了衡量公共服务绩效评价的重要指标,心理归属感、对社区的认同度、物质和精神需求满足感、对社区党组织和社区居委会的信任度则构成了社区意识测量的具体指标。王箐研究了社区民主治理绩效评价问题,提出了衡量社区民主治理绩效的具体评价指标体系,这一体系包括民主维度、财务管理维度、公众维度、社区学习与成长维度等二级指标以及 74 项三级指标。[②]

4. 关于国外社区治理实践。欧洲各国、美国、日本、新加坡等国家的社区治理实践也是我国学术界关注的对象,总结这些国家的有益经验并为我国所用、推进我国的社区治理成为我国学者们的共识。

日本。日本是中国的近邻,深受儒家文化的影响,日本社区治理经验受到我国学术界的重视。卢学晖从治理理念、主体、结构三个维度对日本混合型社区治理模式进行了全面的比较和分析,指出:"日本混合型社区治理模式对于我国破除社区治理困境、促进社区治理模式转型、加强和创新社会治理是有益的,但是学习和借鉴的同时我们要注意中国的经济制度、政治制度、社会制度和文化基础与日本存在差异,所以不能一味地照搬日本的社区治理模式,而应当结合中国的实际情况进行社区治理的改良和创新,以促进基层群众自治。"[③] 葛天任等总结了"二战"后日本社区治理的经验,认为"日本社区治理最为重要的经验,就是长期以来没有放弃国家在社区治理中的'元治理'作用"[④];注重地方自治制度的建设与创新,注重引导和培育民间组织参与社区治理,注重社区服务供给的差异化、同质化和均等化,注重社区规划和治理的精细化等。日本作为世界上人口

---

① 马建珍等:《社区治理能力现代化指标体系研究——基于南京的调查》,《中共南京市委党校学报》,2016 年第 6 期,第 84 页。

② 王箐:《城市社区民主治理绩效评估体系的构建与指标设计》,《华东经济管理》,2016 年第 3 期,第 167-168 页。

③ 卢学晖:《日本社区治理的模式、理念与结构——以混合型模式为中心的分析》,《日本研究》,2015 年第 2 期,第 60 页。

④ 葛天任等:《战后日本基层社区治理经验及对中国的启示》,《地方治理研究》,2018 年第 2 期,第 57 页。

老龄化程度最高的国家,其社区养老也是学者们关注的领域之一。康越分析了日本社区嵌入式养老发展历程并总结了其经验,认为日本经过多年的努力,形成了"自助""他助""公助""共助"相结合的多主体参与、多元服务的社区嵌入式养老服务模式,其中完善的法律制度保障和资金支持、对服务对象进行分类、加大预防力度、完善职业资格制度、强化人才保障等是我们应借鉴和学习的有益经验。① 此外,日本的社区教育、防灾减灾等也受到了学者们关注并取得了一些研究成果。②

美国。美国是西方发达资本主义国家的代表,社区治理特色鲜明、成果显著,引起了我国学术界的高度关注。高红等以美国社区治理政策的演变为线索,详细分析了美国社区多中心治理格局的形成过程。③ 高新军研究了美国社区自治管理模式,认为美国社区有较为完备的管理模式,即"在社区管理中,地方政府、社区管理委员会、非营利机构、社区居民四个层级定位合理,职责分工明确,运作规范有序"④。

设立社区学院是美国社区管理的一大特色,很多学者对此进行了研究。陈文刚、张鹤分析了新时期美国社区学院改革的经验,这些经验主要集中在以项目资助促进校企建立合作伙伴关系、发展学士学位教育来重塑社区办学定位、加强办学监督并实施促进策略来提升办学质量三个方面。⑤ 蒋小佩等分析了美国社区学院发展的新趋势,认为社区学院系统重构、新型校企合作模式建立、政府强化对社区学院的支持构成了美国社区学院发展的基本趋势。⑥ 刘颖、郭靖分析了美国社区学院转学教育功能对我国的启示,指出我国应采取建立灵活多样的人才选拔体制、促进校与校之间的学分互认体制的建立与完善、建立监督与质量保

① 康越:《日本社区嵌入式养老发展历程及其经验》,《北京联合大学学报》,2017 年第 4 期,第 114-118 页。

② 具有代表性成果有张晓曦:《国外社区防灾减灾的经验及启示——以日本社区防灾减灾建设为例》,《环境与可持续发展》,2013 年第 6 期,第 123-124 页;刘佩云、孟凡君:《日本社区教育活动特征及启示》,《河北师范大学学报》,2012 年第 4 期,第 59-61 页;李昱辉:《日本社区学校的形成、特征与问题》,《外国教育研究》,2017 年第 11 期,第 28-42 页。

③ 高红、杨秀勇:《美英日社区治理政策变迁的历史逻辑与经验启示》,《东方论坛》,2018 年第 3 期,第 15-16 页。

④ 高新军:《美国的社区建设、发展和治理述要》,《江苏城市规划》,2018 年第 5 期,第 4 页。

⑤ 陈文刚、张鹤:《新时期美国社区学院的变革经验》,《中国成人教育》,2017 年第 24 期,第 120 页。

⑥ 蒋小佩等:《美国社区学院新发展:特征与趋势》,《职业技术教育》,2016 年第 12 期,第 68-69 页。

障机制、加强与四年制大学的交流与合作四大举措,以完善我国人才选拔体制。[①]
建立社区基金会是美国社区治理的一个突出特色。世界上最早的社区基金会出现在美国。发展到今天,美国的社区基金会总规模达到近千家,社区基金会在社区治理中发挥了重要作用。何立军等对 80 家美国社区基金进行了深入研究,发现"美国社区基金会,既是捐赠服务者,也是社区治理的参与者,还是社区事务的领导者;是社区教育、科技、艺术等的支撑力量,既可解决社区繁荣与发展资金不足的问题,还可在社区承接政府购买服务"[②]。美国是一个犯罪率较高的国家,青少年犯罪问题尤为突出,社区则承担了大量的青少年行为矫正任务。部分学者对此进行了研究,指出"美国的社区矫正制度在立法上具有独创性,其管理机构独立且衔接得当,矫正项目具有针对性与准确性,机构人员具有较高专业素质"[③] 等,其经验值得我们学习。李素琴、谭恩惠认为:"我国应当借鉴美国社区矫正制度的合理做法,制定专门立法,对社区矫正的适用范围、社区矫正机构体系、社区矫正队伍等作出明确规定。"[④]

新加坡。新加坡是一个城市国家,社区治理成效卓著。我国学术界对新加坡社区治理进行了多角度研究。新加坡是一个由多种族组成的国家,华人、马来人、印度人等如何和谐共处,新加坡对此进行了积极探索。陈宇分析了新加坡组屋规划与建设中的族群整合做法,认为组屋互嵌社区"从小到大的整体中都体现着新加坡族群交流的意蕴","全国的组屋都通过地缘和亲缘结合起来,打破隔阂也打破区域差异,增加了居民对居住地的情感认同和国家认同"[⑤]。新加坡的社区管理服务饮誉全球。桂敏、白新睿分析了新加坡社区服务管理模式,指出"3P 模式(People,Public,Private)是新加坡社区服务管理体系的宏观设计,是人民、公共领域和私人领域三方紧密合作的模式"。新加坡全国共分为 87 个区,每人区由一名国会议员负责管理。国会议员通过市镇理事会、社区发展理事会以及

---

① 刘颖、郭靖:《浅议美国社区学院转学教育功能及对我国人才培养的启示》,《职教论坛》,2014 年第 27 期,第 49 页。

② 何立军等:《美国社区基金会的关键特征及经验借鉴》,《重庆社会科学》,2018 年第 1 期,第 32 页。

③ 夏文忠:《我国社区矫正发展的路径选择——以美国为借鉴》,《延边党校学报》,2018 年第 1 期,第 78 页。

④ 李素琴、谭恩惠:《美国社区矫正制度对我的借鉴》,《中国人民大学学报》(社会科学版),2012 年第 5 期,第 149 页。

⑤ 陈宇:《空间重构与认同再造:新加坡互嵌社区中的族际整合及其启示》,《宁夏社会科学》,2018 年第 5 期,第 158 页。

各类基层组织的协助对社区进行管理。① 王新松分析了新加坡基层社会组织参与社区治理的经验，包括基层组织国家联合化、合法化、排他性与制度化等。② 徐林认为，新加坡"政府机构通过庞大的基层网络，总体上掌控社区建设的方向"，"人民协会发挥政府和社区居民之间沟通桥梁的作用"，"政府帮助培训基层领袖和志愿者，提升社区承接社会服务的能力"③，这些都是新加坡社区治理机制的重要内容和特点。林学达强调："新加坡的政府部门、社区机构、基层自治组织及社会团体之间合理划分职责，形成了政府主导、社区自治、居民和社会组织广泛参与的社区治理与服务模式。"④

英国。作为全球最早的工业化国家，英国城市社区建设历史悠久。有的学者将英国城市社区治理发展过程分为三个阶段：探索期（1940—1970 年）——社区运动的兴起和"社区发展项目"的出台，发展期（1970—1997 年）——多方互助合作治理的强化，成熟期（1998 年以来）——社区治理的多元化发展；各个阶段的内容和特征不同，最终形成了"政府和公共及私有部门，政府与营利及非营利机构的多方互助合作参与社区治理模式"⑤。蒙艺、徐宪认为，英国社区治理从萌芽至今发展出五种模式，"英国社区治理的结构、权力、战略和行动在不同阶段体现出不同的特征，但是社区治理'助人自助'的基本原则却始终未变"；指出我国在借鉴这一经验时，"需要注意，每个个体'自助'的自我实现需要、自我选择自由和自主发展能力会受到客观环境的限制，'助人自助'就是要帮助个体突破客观环境的限制"⑥。黄晴、刘华兴着重分析了英国社区治理中政府角色重构问题，将其概括为三个方面：基于角色反思基础上的社区"治理平台"的塑造、基于治理理性重构的促进型政府的建设以及体现治理技术创新的"远程治理政府"的转型。⑦ 王红艳认为，英国的社区治理历史大致可以划分为两个阶段：社区发

① 桂敏、白新睿：《新加坡社区教育公共服务体系助推社区融合的实践探析》，《中国成人教育》，2018 年第 12 期，第 93 页。

② 王新松：《国家法团主义：新加坡基层组织与社区治理的主要经验》，《党政视野》，2015 年第 4 期，第 39 页。

③ 徐林：《新加坡的社区治理机制》，《今日浙江》，2015 年第 18 期，第 49 页。

④ 林学达：《新加坡社区治理与服务模式》，《中国社会报》，2014 年 10 月 27 日。

⑤ 边防、吕斌：《基于比较视角的美国、英国及日本城市社区治理模式研究》，《国际城市规划》，2018 年第 4 期，第 95–97 页。

⑥ 蒙艺、徐宪：《助人自助与社区治理——来自英国的历史经验》，《社会工作与管理》，2018 年第 1 期，第 75–79 页。

⑦ 黄晴、刘华兴：《治理视阈下的社区治理与政府角色重构：英国社区治理经验与启示》，《中国行政管理》，2018 年第 2 期，第 123 页。

展计划在英属殖民地和海外领地的实施是第一阶段,社区发展计划在英国本土的实施则是第二阶段,两个阶段的分界线出现在 1960 年中期;英国社区治理经验包括把社区作为具有战略价值的治理平台,把培养社区工作人才作为社区治理的首要目标,统筹抓好社区发展和社区治理。[①] 阎耀军、李佳佳总结了英国社区治理的总体战略与特征。英国政府社区治理的总体战略体现在三个方面:重视第三部门发展,多元主体参与,政府、社区与社会资本互动;其特征主要表现为社区主体多元化、鼓励社区企业发展、社区治理市场化。[②]

二、国外研究

学术界普遍认为,德国学者滕尼斯最早提出了社区概念,后来经由日本引入我国;正是在这个意义上,"社区"一词被称为舶来品。工业文明的兴起、城市的发展、技术的进步等因素推动着西方学者关注社区,对社区治理进行了多角度研究并在世界范围内产生了广泛影响。

关于社区治理中的社区权力。这一直是国外学者关注的问题。最早提出这个问题的是亨特。他在《社区权力结构:决策者的研究》一文中首先提出"社区权力"这一概念。在这一概念的发展过程中精英论和多元论两大学派逐渐形成。精英论将社区权力归于少数社区精英,主要代表人物有亨特和米尔斯;多元论认为社区权力分布于多个群体中、每个群体都拥有一定的权力,代表人物有达尔和沃芬格等。[③]

关于社区治理模式。博克斯于 2000 年出版的《公民治理——引领 21 世纪的美国社区》一书,阐述了社区领域内三个关键治理主体——公民、代议者以及公共服务职业者的功能、地位以及三个主体之间的相互关系,提出了公民治理模型,认为"向公民治理模型迈进是社区生活的重要一步,管理当局有责任决定是否应该由集权的治理模式转变为以公民为中心的治理模式",公民治理模式有三个基本要素:公民协调委员会、公民理事会、帮助者。[④]

关于社区复兴运动。罗伯特·帕特南在其名著《独自打保龄球:美国社区的

---

① 王红艳:《社区治理的英国经验及其启示》,《福建论坛》,2014 年第 11 期,第 151–157 页。

② 阎耀军、李佳佳:《英国政府社区治理政策与实践及对我国的启示》,《北京工业大学学报》,2014 年第 4 期,第 9–10 页。

③ 朱喜群:《国外城市社区权力研究的理论考察》,《国外社会科学》,2018 年第 2 期,第 28–30 页。

④ 理查德·C.博克斯:《公民治理:引领 21 世纪的美国社区》,孙柏瑛等译,中国人民大学出版社,2000 年,第 130 页。

衰落与复兴》中,通过大量的统计数据,全方位、多领域地验证了美国的社会参与和社会资本在 20 世纪晚期出现的衰减趋势、原因及后果,提出了提升美国社区公民参与度的策略:"从公民教育、工作场所、城市规划、宗教、互联网、政府等多方面进行改革,积累社会资本,复兴社区的公民参与。"[1] 另一个学者瓦戈也看到了城市社区的新变化,指出:随着城市发展、传统社区的淡出,城市成为一个多群体、多经济活动、多生活方式交织在一起的"异质体";而且社区越大,人口越密集,越具有互异性,和都市主义相关的特征越明显。[2]

关于社区公共服务模式及方法。国外学者按照不同标准对社区公共服务类型作了划分。巴利将社区照顾分为"在社区内照顾"和"由社区照顾"两种模式。罗夫曼将社区工作的目标分为事工目标和过程目标两类。罗斯将社区工作分为三个既相互联系又有不同组成部分的类型:社区发展、社区组织、社区关系。罗斯曼将社区工作方法归纳的三大模式:地域性发展、社会规划、社会行动,这三大模式已成为欧美社区服务实践的基本模型。[3]

三、小结

由上可知,国外的社区治理研究成果丰硕;相比之下,我国学术界对社区治理的研究更符合我国国情,对我国社区治理实践的推动作用更为显著。为对我国社区治理提供理论支撑促进我国社区治理和治理的发展,我国学者应加强对社区治理的研究,使更多的研究成果问世,为此,对现有的学术研究进行总结和反思是十分必要的。

1. 关于研究方法。研究方法的多样性在社区治理中得到了充分体现。定量研究和定性研究在文本中都有体现,数量占优的还是定性研究。当然,有的定性研究结合了一定的案例或者调查结果,但总体上还是定性成分占优。文献研究、逻辑推理、比较分析等常用的研究方法在社区治理研究中得到广泛运用,也取得了应有的效果。SPSS 等量化分析工具在部分研究中得以应用,通过这种细致入微的分析得出的结论更具有说服力。社区治理既是理论问题,更是实践性极强的社会科学课题,定性研究方法和定量研究方法这两种方法都有市场和需

① 李见顺:《社会资本视域下美国社区公民参与的衰落及其对中国的启示——以帕特南独自打保龄球:美国社区的衰落与复兴》为中心的分析,《武汉理工大学学报》(社会科学版),2015 年第 3 期,第 509-510 页。

② 史蒂文·瓦戈:《社会变迁》,王晓黎译,北京大学出版社,2007 年,第 87 页。

③ 李凤琴:《国外城市社区公共服务研究综述》,《广东青年干部学院学报》,2011 年第 3 期,第 37-43 页。

求,难以明确地下结论说哪一种好、哪一种不好,只要合适的就是最好的。仅就学术研究的发展趋势而言,建立在实证基础上的研究所产生的成果可能更受欢迎,比纯粹的理论分析更有实用价值。在这方面,我国学术界还有很长的路要走。就学科而言,社区治理研究需要多个学科的介入成为学术界的基本共识,如社会学、管理学、环境学甚至信息科学也会在社区治理研究中占据一席之地。

2. 关于研究内容。社区治理涵盖面极为广泛,涉及社区治理主体、社区治理结构、社区治理方法、社区治理绩效、社区治理基础、社区治理内外影响因素等多个方面。现有的学术研究对这些方面都有涉猎,只是程度不同而已。因为国内外学术界对社区的内涵理解不同、在学术的价值指向上存在较大差别,因而研究的重点迥异,这是可以理解的。比如,西方学者较多地从民主的视角分析社区治理,而我国学术界往往从社区居民参与的角度看待这个问题。又如,对于社区自治的结构,中外认识差别极大,在分析中找到中外认识的共同点相当困难。再如,西方学者对平等的关注远远高于我国学者;西方学者对社区公共政策制定与执行中的民族、性别等问题较为敏锐,我国学者对此的敏感度就相对差一些。这既反映了学者们学术背景的差异性,也表明了社区治理发展阶段的不同。20 世纪 80 年代初期,我国的管理体制由单位体制向社区体制转变,社区应运而生。我国的社区带有十分浓厚的行政化色彩,这是历史的必然选择,具有一定的合理性。由管理走向治理也是党的十八大以后的事,先前强调的是社区管理、社区建设、社区服务。社区治理是对社区管理的升级,我们面对的是一个既熟悉但又较陌生的课题。学术界的研究正是在这个背景下展开的,这也就决定了我国的社区治理研究更多地体现出中国特色。

3. 关于研究重点。就实践而言,我国目前正处在由社区管理向社区治理转型的过程中。党的十八届三中全会提出了国家治理能力和治理体系现代化的新的改革目标,相应地,社区治理现代化就成为全部学术研究的关键。什么是社区治理现代化?社区治理现代化的衡量标准是什么?社区治理现代化的体制、机制应该是什么样的?我国在社区治理现代化方面还有哪些难题需要破解?这些问题迫切需要学术界给出答案。目前对这些问题的研究已经展开并取得了一些成果,但高质量、有广泛影响力的学术成果较为有限,需要实现进一步的突破。

4. 关于研究方向。进入新时代,我国社会主要矛盾发生了变化,社区治理面临的形势也出现了与以往不同的新特点,这要求对社区治理的研究方向必须进行调整,以适应时代的发展要求。一是关于党建引领社区治理研究。"党政军民学,东西南北中,党是领导一切的。"在基层,如何通过党建引领实现党的领导与基层治理的有效衔接与良性互动,是社区治理研究必须高度重视的一个课题。二是关于社区资源整合机制研究。用何种机制才能将生活在社区中的多种力量有机整合在一起实现社区共建、共治、共享的新格局,是社区治理研究面临的一大挑战。三是关于社会力量的培育机制研究。社会力量参与社区治理是新时代多元共治的必然要求。社会力量薄弱以及参与渠道不畅是我国城市社区治理面对的共性难题,需要理论工作者深入实际进行系统的研究予以解决。四是关于社区治理的国际比较研究。在全球治理向现代化加快转型的时代,面对构建人类命运共同体这一全新理念,学习借鉴国际上社区治理的有益经验并向世界展示中国社区治理的成就,是理论研究工作者的神圣使命之一。

第二章 >>

社区治理的理论基础

社区治理必须依赖于相关理论的支持,缺少理论支持的社区治理是不可持续的。国内外无论是学术界还是实践界都对这个问题做了比较深入的分析和探讨,提出了一系列理论架构;有的用来诠释现有的社区治理现状,有的用来指导未来的社区治理改进,以达成理想化的社区治理模式。

一、国家与社会关系理论

国家与社会的关系是社区治理研究中必然要遇到的一个问题。社区是社会的基本单元,社区治理也可以说是社会治理的浓缩版,映射的是社会治理的状况。社会与国家之间的关系反映到社区治理中,就是社区作为市民社会的空间与载体,在微观层面上展现了国家与社会之间的关系,如:国家权力是如何深入社区的?国家与社区之间如何实现国家统治下的多元合作?从传统意义上讲,关于国家与社会的关系存在两种鲜明的主张。一个是国家高于社会。德国著名哲学家黑格尔持有这种观点。在黑格尔看来,市民社会存在盲目导向和机械导向,所以"市民社会各个部分之间并不存在一种必然的一致性或和谐。如果市民社会要维持其市民性,那么它就必须诉诸一个外在的但却是最高的公共机构,即国家"①。另一个是市民社会先于国家,如马克思认为"并非政治国家决定市民社会,反之市民社会才是政治国家得以存在的先决条件。它是第一性的"。② 这两种不同的观点又产生了对社区治理的不同主张。前者要求社区必须处于国家的控制之下,服从国家的领导,即我们熟知的政府负责。后者要求国家的权力有明晰的边界,不能逾越,所以必须坚持社区自治,通过自治解决社区面临的各种问题。

---

① 邓正来:《市民社会理论的研究》,中国政法大学出版社,2002年,第39页。
② 杨睿轩等:《马克思早期国家观的演进逻辑》,《湖南社会科学》,2014年第4期,第28页。

　　在当代中国,两种关于国家与社会关系的主张都在实践上有所反映和表现。一方面,党和政府明确提出,社区治理要构建党委领导、政府负责、社会协同、居民参与、法治保障的格局;另一方面《中华人民共和国城市居民委员会组织法》又规定,社区居委会是自治组织,是群众自我管理、自我教育、自我服务的自治体。社区居委会的职责有六项,分别是:① 宣传宪法、法律、法规和国家政策,维护居民的合法权益,教育居民履行依法应尽的义务,爱护公共财产,开展多种形式的社会主义精神文明建设活动;② 办理本居住地区居民的公共事务和公益事业;③ 调解民间纠纷;④ 协助维护社会治安;⑤ 协助人民政府或者它的派出机关做好与居民利益有关的公共卫生、计划生育、优抚救济、青少年教育等项工作;⑥ 向人民政府或者它的派出机关反映居民的意见、要求和提出建议。

　　显然,在国家与社会关系理论视角下,社区治理面临着逻辑悖论:社区要么处于国家的控制之下,成为国家的附属物;要么完全自治,不允许国家权力进入。逻辑悖论会导致实践中的不同倾向。在具体运用中,我国采取了折中的方案,即国家与社会合作模式,通过国家与社会的共建、共享实现社区发展。一方面强调社区治理必须处于党委领导之下,这是政治原则和政治底线,不容怀疑和突破;同时,在社会治理中,代表国家力量的政府要发挥主导作用,包括社区规划、社区组织建构、社区政策供给、资金与人才支持等。另一方面,制定社区居委会自治法律,实现社区自治。这样一来,看起来十分矛盾的东西被有机地整合在一起,充分体现了社区治理的中国特色。当然,这种折中式的处理办法也有弊端。比如,一方面要求社区居委会履行社区居民自治功能,尽管要求合理,但实际上很难做到。社区行政化问题从提出直到今天也没有从更根本上得到解决,社区居委会负担过重的问题始终存在,所承担的上百种事项中大多数与自治没有关系,是街道办事处或者区委区政府甚至市委市政府下达的各种指令性要求或者必须完成并将被考核的事项。① 另一方面,社区治理行政化日益强化。这意味着社区治理离不开党委领导、政府负责。但是,社区治理不能完全行政化。政府的行政力量与自治力量之间必须有明晰的活动边界,不能交叉代替,该是政府负责的政府就要承担起责任来,该是社区自治的就要走社区自治程序。目前,这已经成为社区

---

① 根据调查统计,北京社区工作事项高达 322 项,在社区设立的工作机构 40 个,在社区层面开展的评比表彰活动有 26 个,在社区加挂的牌子平均有 17 个之多,诸如除"四害"领导小组、家长学校、药品安全等都以挂牌形式进入社区。根据社区工作者反映,日常工作中需社区盖章证明的事项达到 32 项,如果社区不盖章,后续一些部门就不办理,因此,即使不在职责之列,居民也非要居委会给盖章不可。资料来自:《北京厘清基层社区职责实行准入制"1 个居委会 17 块牌子"将终结》,《人民日报》,2016 年 5 月 3 日。

治理改革遇到的一个重大难题,有待经过实践探索给出全新的答案。

二、治理理论

"治理"的英文为 GOVARNANCE。1989 年,世界银行发表了一篇题为"撒哈拉以南非洲:从危机到可持续增长"的报告,首先使用了"治理危机"一词。随后,"治理"成为学术热点词汇,并出现了多种定义。为此,全球治理委员会于 1995 年对"治理"作出权威性界定。[1] 此外,罗伯特·罗茨、星野昭吉、俞可平等一些学者都对"治理"给出了自己的解读并提出了有关的治理理论。治理理论的兴起,极大地拓展和丰富了公共产品和公共服务供给学说,为学术界重新思考政府、市场和社会之间的关系提供了新的理论视角。

(一)多中心治理理论

该理论流派的代表人物是埃莉诺·奥斯特罗姆。多中心治理理论是在市场理论和国家主权理论基础上发展起来的,它看到了市场秩序和国家主权秩序存在的不足,从而在二者之外揭示了公共事务治理之道。[2] 埃莉诺·奥斯特罗姆借鉴了波兰学者迈克尔·波兰尼多的中心控制思想。在《公共事务治理之道》一书中,奥斯特罗姆运用制度分析方法阐述了多中心治理理论。该理论认为:"人们无须要求一个唯一的权力中心来控制其余部分。相反,在没有一个唯一的权力中心控制下,在潜在的否决位置范围内可以存在一种平衡,而在权力系统内也能保持一种法律秩序。只要将所有权力中心限制在一个可实施的宪法范围内操作,那么就能保持一个多中心的秩序。"[3] 该理论强调政府、市场和社会的相互协调与合作。学者孙柏瑛将多中心治理模式概括为四个方面。① 治理结构。决策主体是地方社会生活中民间的、公民的自治管理的秩序和力量,决策过程是围绕特定公共问题形成的有弹性、灵活多样的集体行动组合。② 基本策略。强调公民参与和社群自治。③ 治理过程。多元决策主体在治理行动中通过冲突、对话、协商等达成利益平衡。④ 在多中心治理中,制度选择要根据公共物品和公共服务的

---

① 全球治理委员的定义如下:治理是或公或私的个人和机构经营管理相同事务的诸多方式的总和。它是使相互冲突或不同的利益得以调和并且采取联合行动的持续的过程。它包括有权迫使人们服从的正式机构和规章制度,以及种种非正式安排。而凡此种种均由人民和机构或者同意或者认为符合他们的利益而授予其权力。

② 刘红等:《多中心治理理论视角下的村改居社区治理研究》,《理论改革》,2018 年第 5 期,第 154 页。

③ [美]迈克尔·麦金尼斯:《多中心治道与发展》,王文章等译,三联书店,2000 年,第 496 页。

不同性质而定,政府治理策略和工具要适应治理模式的方向改变。[①]

多中心治理理论的主要观点可以概括如下。

（1）治理主体多元化。除了政府之外,企业、社会组织、公民个人都是治理主体,都可以在公共服务和公共产品供给中发挥作用。

（2）政府要转变角色。政府要通过改革为其他主体发挥作用提供必要的空间和场域。政府不是唯一的主体。政府对公共事务的垄断是行不通的。20世纪七八十年代开始的新公共管理运动首先指向的就是政府,通过私营化、市场化等手段破除政府权威供给地位,以激发社会活力。治理主体多元化并不否认政府作为公共产品供给方的责任,但反对政府本位思想,政府不能既当运动员又当裁判员,"掌舵"与"划桨"必须分离。

多中心治理理论与我国正在构建的社区治理体制所依据的理论是吻合的。目前,在社区治理改革进程中,我们不断地强调要发挥企业、社会组织、公民的作用,形成多元主体合作共治格局。从这个意义上看,多中心治理理论正好契合了当代中国社区治理发展的客观要求。长期以来,自治组织、公益组织参与社区治理的空间有限、居民参与社区治理的积极性不高成为制约社区治理发展的难题。多中心治理理论为权威主体之外的其他主体参与社区治理提供了重要的理论依据。另外,与西方治理理论观点存在较大差异的是,我国党委、政府仍然是社区治理最重要的主体、最权威的力量,这是我国与西方国家显著的不同之处。一些学者运用西方治理理论,强调社会组织等其他主体与政府是平等伙伴关系,从我国的实际情况来看这一主张过于理想化。

（二）网络治理理论

20世纪90年代,人类社会迈入信息时代,网络社会形成,网络治理理论应运而生。

1. 关于网络治理的内涵。根据学者们对网络治理的论述,"网络治理是一种复合中心的治理形式,具有自我组织的特征,表现出对政府干预的抵制,能够制订自己的政策并构建自己的环境",也就是说,"网络治理意味着治理主体能够按照相互达成的博弈规则和信任进行资源交换、妥协以及互动"[②]。

2. 关于网络治理的特征。网络治理的提出是对传统科层制和市场化的反思与超越的结果。科层制以行政命令为主,通过层级节制达成目标。市场化通

[①] 孙柏瑛:《当代地方治理——面向21世纪的挑战》,中国人民大学出版社,2004年,第22-80页。

[②] 张康之、程倩:《网络治理理论及其实践》,《新视野》,2010年第6期,第37页。

过自由竞争来实现治理目标,而网络治理强调协商、信任与共享。美国学者威廉与斯蒂芬从整体政府的构建视角出发,将网络治理视为全球四种公共部门形态(协同政府、第三方政府、数字化革命、公民需求)发展的集合,认为其表现特征为协同、联结、自上而下。[1] 张康之等学者总结了网络治理的四个功能:第一,网络治理表现为对行动互动关系的调整;第二,网络治理表现为对资源置形态的调整;第三,网络治理表现为对规则的渐进修正与调适;第四,网络治理应当关注价值规范认知的整合问题。[2]

3. 关于网络治理结构。孙国强认为:"网络结构通常表现为非正式的企业间跨边界合作。"[3] 林润辉等认为:"网络治理结构主要包括网络中的结点、结点之间的联系以及网络整体形态三方面内容。"[4]

4. 关于网络治理机制。李维安等认为:"网络治理机制包括信任、学习、利益分配、协调、声誉、文化、激励机制等,可以概括为网络形成和维护机制、互动机制和共享机制三类。其中,网络形成和维护机制主要包括信任、决策平衡、利益分配、声誉和联合制裁等,互动机制包括沟通和学习,共享机制包括资源配置和知识共享。"[5]

网络治理理论对于社区治理的适用性在于,网络治理指出了治理主体建构协商信任关系的重要性,并强调构建这种互动体制机制是当下社区治理必须要着力解决的问题之一。虽然我国社区治理中多元主体相互合作的态势正在形成,但通过何种途径、运用什么方式将不同利益主体连接起来,使之相互配合形成社区治理新机制,是亟须破解的一个难题。我国有些先进城市为破解这一难题进行了一些探索。"三社"联动、"四社"联动、社区民主协商议事会等都是网络治理在现实中的生动反映。网络治理必须建构一种非权威主体嵌入社区治理机制,这是网络治理应用的重点和难点所在;如果没有一个好的嵌入机制,社区治理主体就不可能形成彼此之间可持续的合作互动态势。

(三)协同治理理论

"协同治理理论是协同学理论在治理领域的具体应用",是"协同学理论与

---

① [美]戈德·史密斯,威廉·埃格斯:《网络化治理——公共部门的新形态》,孙迎春译,北京大学出版社,2008年,第6-27页。

② 张康之、程倩:《网络治理理论及其实践》,《新视野》,2010年第6期,第38页。

③ 孙国强:《西方网络组织治理研究评介》,《外国经济与管理》,2004年第8期,第8-12页。

④ 林润辉等:《基于网络组织的协作创新研究综述》,《管理评论》,2013年第6期,第31-46页。

⑤ 李维安等:《网络治理研究前沿论文述评》,《南开管理评论》,2014年第5期,第45-46页。

治理理论的融合"①。协同治理理论的内涵主要包括治理主体的多元化、各子系统间的协同性、自组织间的协同和共同规则的制定。

1. 治理主体的多元化。这是协同治理的前提条件，正是由于各个不同主体之间利益、价值取向的差异化，才使协同有了客观需求。在社会治理中，如何使不同利益主体和谐共生、共治、共存成为社区治理必须要解决的难题。社区治理的多元化已经成为现实图景，党委、政府、居委会、社会组织、居民等都是社区治理的主体，将不同主体连接起来并发挥作用就是协同治理过程。

2. 各子系统之间的协同性。无论社会治理还是社区治理，都是由各个不同的系统组成的，各个系统之间无论是横向联系还是纵向联系，都需要在维护良好的秩序目标下建立起来。就社区治理而言，社区由内部系统、外部系统构成，两大系统之间以及各系统的子系统之间相互影响、相互作用。按照协同性原理，各个系统之间必须实现同频共振，向着一个共同目标前进，减少相互之间的冲突和矛盾，防止系统遭到破坏或难以正常运行。

3. 自组织间协同。自组织之间必须实现相互合作。社区治理中居委会、各类服务性社会组织、公益类社会组织、科技类社会组织以及协会商会等，都需要在维持自治的过程中发挥各自的功能和作用。各个自组织之间如果不能配合，就难以形成一个整体性力量，从而会在一定程度上阻碍社区治理目标的达成。

4. 共同规则的制定。协同治理理论所讲的共同规则是指序参量。"序参量不是外部强加给系统的，而是产生于系统内部要素的竞争与合作。序参量一旦形成，就成为子系统的支配因素，子系统按照序参量的命令行事，序参量通过控制子系统，推动系统向有序方向发展。"②社区治理中的序参量，就是社区治理中各个系统之间共同遵循的准则和要求，是符合协同治理要求的各种制度规范的总和。比如，社区为了动员和吸引社会组织参与，制定了社区协商制度，对协商的内容、程序、结果落实等做出了明确规定，这就是序参量的一种表现形式。

总之，"协同治理就是寻求有效治理结构的过程，在这一过程中虽然也强调各个组织的竞争，但更多的是强调各个组织行为体之间的协作，以实现整体大于部分之和的效果"③。我国在寻求社区有效治理过程中也需要形成一个有效的社区治理机构，从而使协同治理理论能够在社区治理中发挥重要作用。

---

① 朱宝林、刘胜湘：《协同治理视阈下的北极治理模式创新——论中国的政策选择》，《理论与改革》，2018 年第 5 期，第 38 页。

② 同①，第 39 页。

③ 李汉卿：《协同治理理论探析》，《理论月刊》，2014 年第 1 期，第 142 页。

（四）整体性治理理论

整体性治理理论"是在反思和弥补新公共管理导致的部门化、碎片化和裂解性的基础上逐渐形成的一种全新治理理论"，其代表人物是英国学者佩里·希克斯和帕却克·邓利维。[①]

1. 整体性治理概念。中外学者对整体性治理的内涵进行了比较深入的研究，提出了很多有价值的观点，其中希克斯的看法最有代表性。他认为，整体性治理的定义可概括为"以公民需求为治理导向，以信息技术为治理手段，以协调、整合、责任为治理机制，对治理层级、功能、公私部门关系及信息系统等碎片化问题进行有机协调与整合，不断从分散走向集中、从部分走向整体、从破碎走向整合，为公民提供无缝隙且非分离的整体型服务的政府治理图式"[②]。我国学者如曾凡军、谭俊英等也都提出了自己的观点。这些观点总体上认为整体性治理"并不是一组协调一致的理念和方法，最好把它看成一组伞概念，是希望解决公共部门和公共服务中日益严重的碎片化问题以及加强协调的一系列相关措施"[③]。

2. 整体性治理机制。整体性治理必须通过相应的机制来实现。有的学者认为整体性治理至少应该包含三大机制：协调机制、整合机制、信任机制，[④] 三个机制之间存在紧密联系。

3. 整体性治理机构。"整体性治理的组织结构不再以特定功能为基础，而是以结果和目标进行组织设计和创新，需要在不取消部门专业化分工的前提下实行跨部门合作。"[⑤] 这种整合在三个维度上实现：一是不同层级或者同一层级上治理的整合；二是次治理功能的整合；三是公私部门之间的整合，如政府部门、私人部门以及非营利性机构之间的合作。

4. 整体性治理与社区建设。对社区治理中出现的各种问题，是头痛医头、脚痛医脚还是整体性辩证治理，显然是两种不同的治理思路。整体性治理要好

[①] 韩兆柱、张丹丹：《整体性治理理论研究——历程、现状及发展趋势》，《燕山大学学报》，2017年第1期，第39页。

[②] 史云贵、周荃：《整体性治理：梳理、反思与趋势》，《天津行政学院学报》，2014年第9期，第3页。

[③] 王立军：《整体性治理——一种文本的解读》，《云南行政学院学报》，2018年第2期，第164页。

[④] 胡象明、唐波勇：《整体性治理：公共管理的新范式》，《华中师范大学学报》（人文社科版），2010年第1期，第14-15页。

[⑤] 胡佳：《迈向整体性治理：政府改革的整体性策略及在中国的适用性》，《南京社会科学》，2010年第5期，第49页。

于前者碎片化治理方式。目前,我国社区治理进入整体化治理的新阶段,必须破解社区碎片化治理这一困境,如政府功能分散化与社区行政化之间的矛盾、社区力量参与不足与社区治理力量薄弱等问题以及公共事务冷漠与社区居民自治弱化并存的现象。消除"社区碎片化",需要在寻找合适的治理理念与方式的过程中,以重建社区生活共同体和社区公共性为着眼点,探寻该理念下的社区治理机构,构建有效的社区治理结构。①

三、社会资本理论

在社区治理中,有一种很重要的理论非常流行,这就是社会资本理论。社会资本理论虽然来源于西方,但对于观察与分析我国社区治理很有帮助。运用该理论不仅能够解决我国社区治理中存在的问题,而且有助于明确社区治理的方向和举措。

1. 什么是社会资本? 据考证,最早提出社会资本概念的是法国社会学家皮埃尔·布迪厄。皮埃尔·布迪厄1980年在《社会科学研究》杂志发表了题为"社会资本随笔"的短文,正式提出了"社会资本"这一概念。他将社会资本界定为"实际或潜在资源的总和,这些资源同对某种持久性的网络的占有密不可分,这一网络是大家共同熟悉的、得到公认的,而且是一种体制化关系的网络"②。科尔曼认为:"人是社会资本的特征,对于理解社会资本形成及其消失是极其重要的。"③科尔曼界定了社会资本的四种具体形式,即互惠义务与期望、信息网络、社会规范与组织成员之间的关系。罗伯特·帕特南将社会资本定义为社会组织的那些可通过促进协调行动而提高社会效能的特征,如信任、规范及网络等。④了解信任、关系网络与规范这三个基本要素是理解社会资本的关键。弗朗西斯·福山从文化的视角将社会资本定义为从社会或社区中流行的信任中产生的能力。⑤

我国一些学者也从独特视角分析了社会资本概念,如林南提出社会资本是

---

① 董治佑:《整体性治理视角下的整体性社区构建》,《华东师范大学研究生学报》,2018年第1期,第38-39页。

② [法]皮埃尔·布迪厄:《布迪厄访谈录:文化资本与社会炼金术》,包亚明译,上海人民出版社,1997年,第192页。

③ [美]詹姆斯·S.科尔曼:《社会理论的基础》,邓芳译,社会科学文献出版社,1990年,第191页。

④ [美]罗伯特D.帕特南:《使民主运转起来》,王列等译,江西人民出版社,2001年,第65页。

⑤ [美]弗朗西斯·福山:《信任——社会美德与创造经济繁》,彭志华译,海南出版社,2001

嵌入社会网络中被行动者获得和利用的资源等。[1] 这些研究都是对西方学术界观点的中国式深化与解析,是通过对西方观点与中国这个坐标参照系的对比剖析而得出的更具中国特色的结论。

2. 社会资本类型。帕特南将社会资本分为连接性社会资本和黏合型社会资本。前者将不同社会群体联系起来,后者用于某个团体的内部凝聚。连接性社会资本具有兼容性的特点,而黏合型社会资本具有排他性。连接性社会资本能够创造出更加广泛的互惠规则,黏合性社会资本有助于加强团体内部的团结。黏合型社会资本是连接性社会资本的基础和前提。在帕特南看来,这两类社会资本是无法实现相互转化的。我国学者依据社会资本分层理论将社会资本分为三个层面:国家宏观层面、中观层面和微观层面。国家宏观层面的社会资本包括意识形态、各系统的协调、社会凝聚力、民主、和谐、诚信、公共精神。中观层面的社会资本包括信任、邻里互助、协作、归属感、社区凝聚力、社区和谐、民主协商。微观层面的社会资本主要是面向个体与家族的,如个人社会关系网络资源、社会支持、自我发展。[2] 层次不同的社会资本在价值指向和逻辑运作能力方面存在着较大差异。

3. 社会资本与社区治理。社区治理与社会资本有着非常紧密的联系,无论是连接性社会资本还是黏合型社会资本,都是促进社区治理的重要资源。在社区多元治理结构中,需要不同的利益主体相互支持、相互配合,这就必然涉及连接型社会资本的运行方式问题;同时,社区居委会、公益组织、物业公司等团体的内部治理,也与黏合型社会资本有关,如何提升这些团体的内部治理水平是我国社区治理研究的一个重要课题。当前,在我国的社区治理中,多元主体运营和团体内部治理暴露出来的问题,都证明社会资本作为一个有效的分析元工具具有现实指向性,不仅可以探究深层原因,而且可以追寻出路。不同类型的社会资本在社区层面汇集在一起,如何使之相容相生、避免社区治理失灵也是一个很尖锐的问题。我国学者通过对 38 个城市的调查分析认为,我国城市社区具有中等水平的社会资本存量。其中,"社区感""邻里互动"以及"对社区组织的参与"这三个维度均处于中等水平,而"社区关系网络"和"互惠与支持"这两个维度处于较高的水平。这说明我国城市社区并非互不相关的邻里;相反,因为具有一定

年,第 90 页。

[1] Lin, Nan and Burt, Ronald S. Social capital theory and research. New York: Walter de GruyterInc, 2001.

[2] 赵琼:《社会资本在国家治理现代化中的建设性作用》,《治理现代化研究》,2018 年第 5 期,第 87 页。

存量的社会资本而成为地域共同体。① 社区既是国家宏观层面社会治理的基础，也是公民个体活动的基本场域，宏观、中观、微观社会资本交织在一起使社区治理呈现出复杂多变的态势。

　　制度经济学将资本分为存量和增量，我们不妨将社会资本也分为存量和增量两个部分。存量社会资本描述的是社会资本的"现在时"，增量社会资本描述的社会资本的"将来时"。提高社区治理水平，既要依赖于存量社会资本，更要注重增量社会资本。比如，社会组织参与社区治理就是一个考察存量社会资本和增量社会资本的一个有益的参照物。从存量社会资本来看，社会组织参与社区治理已经成为一个不可逆转的发展趋势，但实践中也暴露出不少问题，如社会组织规模小、力量弱、内部治理不规范等，严重制约了社会组织参与社区治理的实际效果。从社区治理现代化的要求来看，我国必须加快培育社会组织特别是社区社会组织的进程，将其作为社区治理的新的增长极。这涉及增量社会资本的发展路径问题。可见，社会资本注重从文化视角分析社会治理，对于提高社区治理质量和治理水平具有重要意义，社会资本分析是推动社区治理不断发展的不可缺少的理论工具。

四、委托–代理理论

　　1. 委托–代理理论的主要观点。委托–代理理论兴起于 20 世纪 60 年代末 70 年代初，主要研究委托人如何设计出一个刺激结构来诱导代理人为委托人的利益而行动。委托人由于自己某些方面知识匮乏、能力低下等原因而不能独自完成的事情，可以委托他人代为完成。委托人赋予代理人一定的权利，同时对被代理人进行监督，二者之间形成事实上的契约关系。委托–代理理论所包含的基本观点有：① 委托人与代理人之间存在着明显的信息不对称，即委托人对代理人的行动细节不甚了解或者保持理性的无知；② 由于信息不对称的存在，在报酬由委托人支付的情况下，代理人从自身利益出发，可能采取某些机会主义的行为，从而达到个人利益最大化并降低自身承担的风险；③ 委托–代理关系是建立在委托代理双方签订契约的基础上，契约的目的对委托人来说就是达到预期的效用，这依赖于代理人的行动，同时也取决于委托人在契约中的制度供给、彼此的承诺、相互信任、激励与补偿机制等安排；④ 委托人预期效用的实现有赖于代理人的行动，由此，对代理人行为的激励与监控就成为建立契约执行规则的关键。

---

① 方亚琴、夏建中：《城市社区社会资本测量》，《城市问题》，2014 年第 4 期，第 66 页。

2. 公共领域中的委托代理。新制度经济学将经济学中的委托代理理论用于分析公共选择中的许多代理问题。代理理论的基本假设之一就是人是理性的，都追求自我利益的最大化。委托人和代理人的目标冲突与信息不对称是委托代理问题的核心。在有限理性和机会主义的经济人假设下，代理人与委托人的利益未必相同，存在着代理人违背委托人意志的风险。选民与政治家、政治家和官僚就是委托代理关系。在公共生活领域，政治家、官僚都可能与委托人发生利益矛盾与冲突。这不仅增加了代理成本，而且极大地增加了社会交易成本。

3. 社区治理中的委托代理。从严格意义上讲，社区也属于公共领域范畴，但为了分析问题，我们将之单列出来，以便更细致地分析社区治理中存在的委托代理现象。在目前的社区治理中，的确存在着多种层次和多种形式的委托代理关系，如业主委员会与广大业主之间、物业公司与各个业主之间、社区居委会与广大居民之间等都存在着委托与代理关系。前文阐述的业主委员会受广大业主的委托，共同监督物业公司以维护广大业主的利益；但在实践中的确发生了业主委员会不履职尽责的情况，如有的业主委员会与物业公司合谋欺骗广大业主，有的业主委员会内部不团结、冲突不断而难以将有限精力用在维护业主的利益上。居委会与居民之间的关系是另一种意义上的委托代理关系。在社区范围内，受全体居民的委托，社区居委会完成法律授予的任务、履行自治职责；但是，很多社区居委会受制于现有的管理体制，违背了委托人的利益，主要精力没有放在自治事务上，而是放在完成上级交给的各项任务上。按照委托-代理理论，利益最大化的冲动、信息的不对称以及经济人的假设导致种种问题的发生，为此必须优化激励与约束制度设计。显然，在社区治理中，这的确是一个很现实的问题。全面深化改革，根据社区治理现代化的要求，完善激励机制和约束机制已经成为推进社区治理的重要内容。比如，对业主委员会的地位、作用、工作程序等做出明确的法律界定，以及改进社区居委会的工作、大力推行社区准入制、制定社区任务清单、完善信息公开制度、避免暗箱操作、强化居民参与意识等，应当成为改革的重要议题。

五、新公共服务理论

20 世纪 70 年代末兴起的全球治理变革——新公共管理运动，对全球治理产生了巨大影响。"新公共管理"成为极具时尚性的名词。很多学者投入对新公共管理的研究中。其中，罗伯特·B·丹哈特、珍妮特·V·丹哈特等人以其敏锐的眼光对新公共管理运动所引发的负面效果进行了深入反思，在此基础上提出了一种全新的理论,即新公共服务理论。新公共服务理论建立在相关理论的基础上,这些理论主要有公民社会的公民权理论、社区和市民社会模型、组织人本理论和组织对话理论。新公共服务既不同于传统的公共行政,也不同于新公共管理,三者之间的区别见表1。

表1　传统的公共行政、新公共管理与新公共服务的比较 [①]

	传统的公共行政	新公共管理	新公共服务
主要的理论基础和认识论基础	政治理论,早期社会科学提出的社会和政治评论	经济理论,基于实证社会科学的更完善的对话	民主理论,包括实证的、诠释的、批判的和后现代的等诸种不同的知识途径
主导理性和相关的人类行为模式	抽象理性行政人	技术和经济理性,"经济人"或自利的决策人	战略理性,对理性的多种检验(政治的、经济的、组织的)
公共利益的概念	在政治上加以界定,由法律来表述	表示个人利益的集合	是共商共同价值观的结果
公务员回应的对象	委托人和选民	顾客	公民
政府的作用	划桨(设计和执行政策关注政治上界定的单一目标)	掌舵(充当催化剂、释放市场力量)	服务协商和协调公民和社区团体的利益,营建共同的价值观
实现政策目标的机制	通过现存政府机构来实施项目	创造机制和激励机构	通过私人和非营利机构来实现政策目标 建设公共、私人和非营利机构的联盟,满足相互一致的需求
责任的途径	等级制——行政官员对经由民主程序选举产生的政治领袖负责	市场驱动的——自我利益的汇集会产生令诸多公民(顾客)团体满意的结果	多样化的——公务员必须关注法律、社会价值观、政治规范、职业标准和公民利益
行政自由裁量权	允许行政官员掌握有限的自由裁量权	有更大的余地去实现企业家的目标	自由裁量权是必要的但应是受限制的和负责任的
假定的组织结构	官僚组织以机构内自上而下的权威和对委托人的控制或管制为特征	分权的公共组织,机构内仍保持基本的控制	合作型结构,由内部和外部共同领导

① [美]罗伯特·B.丹哈特、珍妮特·V.丹哈特:《新公共服务:服务而非掌舵》,刘俊生译,张庆东校,详见《中国行政管理》,2002年第10期,第40页。

（续表）

	传统的公共行政	新公共管理	新公共服务
假定的公务员和行政官员的激励基础	工资和收益,公职保障	企业家精神	理念上压缩政府规模的愿望公共服务,期望对社会有所贡献

新公共服务理论的核心主张有六点:服务而非掌舵,战略性思考,民主的行动,服务于公民而不是顾客,责任并不是单一的,重视人而不是生产率。[①]

新公共服务理论对于社区治理具有重要的价值。第一,社区服务是社区治理的内容与核心要素。社区治理如果离开了社区服务就会成为无根之木、无源之水。社区服务是社区治理的关键。对于所有社区居民来说,社区服务是其生活的必然需要,也是其日常生活的主要内容。1987 年,国家有关部门就已经提出了社区服务概念并提出了具体要求。可见,社区服务是社区建设的基本驱动力,满足了单位制向街居制转型的要求。第二,新公共服务理论所提出的主张与社区服务改革要求有内在的契合点,具体表现在以下几个方面。一是为社区全体居民提供高质量服务是政府的首要责任。以人民为中心的发展观要求政府必须解决社区居民的服务需求,时刻关注社区服务需求的热点和难点。二是居民是社区治理的主体,不是简单的顾客,是具有独立人格的公民。所有的社区服务供给必须建立在尊重公民主体地位的基础上。社区服务与社区民主建设不可分离。三是政府对于社区治理的责任不是单一性的而是多元化的。四是社区服务要以人为核心,做到效率与质量并重。第三,社区服务发展改革需要借助新公共服务理论。当前,随着社会的发展,社区居民的需要越来越高、分化也越来越严重,服务的精细化、标准化成为居民的基本诉求。在这种情况下,改进社区服务方式、提高社区服务质量必然成为全面深化改革的重要内容之一。新公共服务理论给我们改进社区服务提供了指导。例如,建立多元复合型的公共服务供给机制就是缩小社区服务与居民需求差距的基本路径之一。再如,协商合作机制在社区公共服务供给中的作用必须得到强化。

当然,作为一种新的理论,学术界对此还有一定的疑问。一些学者认为新公共服务被称作理论比较勉强,它还不是一门成熟的理论。新公共服务理论强调的是基于完全民主的"共享公共价值""公共利益"和"共同领导",但如同韦伯的理想化官僚制,它只是一种理想模型,是人类社会追求的理想目标,很难在现

---

① [美] 罗伯特·B. 丹哈特、珍妮特·V. 丹哈特:《新公共服务:服务而非掌舵》,刘俊生译,张庆东校,见《中国行政管理》,2002 年第 10 期,第 42—43 页。

实经验世界中存在。[①] 尽管存在这样或那样的不足,新公共服务理论的价值仍然不能被抹杀。

---

① 陈世香、谢秋山:《链接公共性和私人性:登哈特新公共服务理论评述》,《公共管理与政策评述》,2013 年第 2 期,第 91 页。

第三章 >>

社区治理的技术工具

社区治理既是制度体系,也是实践行为的集合。社区治理技术带有一定的技能要求,这是显而易见的客观事实。社区治理技术工具来源多样,来自工商企业管理的很多,也有的来自政府管理,这从一个侧面充分反映了社区治理的复杂性和艰巨性。

一、社区动员与组织:让社区居民"动"起来

社区居民参与是社区治理的应有之义。我国社区居民参与不足是一个久治不愈的难题。社区居民不能广泛有效地参与社区治理会从根本上削弱社区的价值,如何动员更多的社区居民参与社区治理是社区治理所面临的现实挑战。

从单位制转型为街区制所带来的一个明显变化是社区异质性越来越突出。相互不熟悉的社区居民的需求存在很大差异,用何种方式和手段使之认同社区、参与社区治理的确是一个值得研究和探索的重大课题。

(一)社区居民的分类及其行为特征

在一个社区中,居民因为各种原因,参与社区治理的积极性存在较大差别。按照参与的积极性,可将居民划分为以下几种类型。第一类居民属于社区精英或者社区领袖,他们是在社区发展中自发形成(有的经过培育)的,能满足和反映社区群众的需求,能影响社区思想、生活趋势的社区人物。社区领袖具有某方面专长或能力,愿意为社区公共事务无偿出谋划策,能够获得社区群众的支持和信赖者。这类居民参与社区治理积极性最高也最热情,经常是社区治理议题的提出者和各类活动的召集人,他们愿意为社区治理贡献力量。第二类居民属于积极性较高的居民,他们愿意响应社区号召,主动参与社区治理活动,对于社区治

理问题比较关心。第三类居民是被动参与者,他们积极性不高,经过深入动员才愿意参与社区治理,签个名、开个会、点个卯、走过场的现象比较明显。第四类居民是不参与社区治理,对社区漠不关心、冷眼旁观、事不关己、高高挂起,对社区没有任何感觉的居民。

(二)策略选择

动员和组织居民参与社区治理,就要对不同类型的人群采取不同的策略。

1. 社区领袖。社区领袖是社区治理的骨干和核心,包括团队领袖、楼长、组长、业委会主任等。对社区领袖的培育十分重要。一是搭建平台,使社区领袖脱颖而出。二是组建兴趣团队,发现和培养社区领袖。通过文体娱乐活动发现社区领袖是社区治理最常用的方法。组建各类兴趣团队,解决面临的资金、场地等问题,推动兴趣团队走向规范化,社区领袖便容易被发现。三是扶持骨干,为社区领袖提供后备人选。为此,要大力发掘居民中的骨干力量,动员他们参与各种社区活动,把他们培育成民间组织和团队的中坚力量和领袖人物。 四是加强培训,不断提升社区领袖的素质与水平。培训要按照对象的个性特点和组织需求有针对性地展开,并在三个领域着力:知识、能力、价值。

2. 社区骨干。这部分居民仅次于社区领袖,对社区治理积极性较高,愿意参与社区组织的各项活动。对于这部分居民,要建立长效化的激励机制,进一步调动他们参与社区治理的积极性。一是加大培养力度,将这部分人中的优秀者作为社区领袖预备队加以培养。二是组建社区社会组织,使之成为各类社区社会组织的中坚力量,影响更多的居民走出家门参与社区事务。三是组织骨干培训班,引导社区骨干定期参加各种培训,提升其素质,增长其才能。

3. 被动参与者。要重点解决这部分人的态度问题。有的被动参与者受制于时间和精力,更多的被动参与者是在思想认识上有问题,缺少积极参与的心理认同。对这部分居民要分析原因,精准施策。一是要强化动员能力,采取多种形式进行思想上的帮扶,提高其认识水平。二是对其参加社区活动要大力表扬,通过赋予荣誉等办法提高他们参与社区治理的积极性。三是搭建参与平台,使其有更多的机会参与社区活动。四是发挥特长,让他们承担重要角色,发挥其在社区治理中的积极作用。

4. 不愿意参与者。这类人参与社区治理的意愿最低,一般的动员不起作用。对这部分居民除了思想动员外,必须将社区治理活动与其个体利益紧密挂钩。利益是有效的调节剂,只有社区决策、社区日常管理等活动关系到他们的切身利益,这部分居民才能真正投入到社区治理中,进而转变观念和态度,由不愿意参与到被动参与再到主动参与。

(三)居民参与的制度化、规范化、系统化

社区不仅是各类人群的生活场地、空间,也是各种政策、矛盾的交汇点。社区治理活动极为复杂,为满足不同居民的利益诉求,必须将工作重心放在居民参与的制度化、规范化、系统化建设上。下面以上海为例,对这个议题进行详细阐述。为了让居民更有效地参与社区公共事务的决策和管理,及时传递民情和回应群众诉求,上海五里桥街道党工委和桑城居民区首创"三会"制度,并在实践中逐步形成了"三会"配"三制"、新"三会"等做法,取得了良好效果,其经验被写入《上海市居民委员会条例》。

1. "三会"与"三制"。所谓的"三会"指的是听证会、协调会和评议会。这三会要做的也就是我们经常讲到的"事前听证、事中协调、事后评议"。"三制"指的是与三会相对应的三项制度,即听证会配套公示制、协调会配套责任制、评议会配套承诺制。后来,五里桥街道党工委探索设立了包括议题征询会、民主恳谈会、监督合议会在内的新"三会",新"三会"的"三部曲"就此诞生。新三会即议题征询会——听证会(配套"公示制")、民主恳谈会——协调会(配套"责任制")、监督合议会——评议会(配套"承诺制")。

2. 运作方式。[①] ① 议题征询会——听证会。征询、听证是第一个环节。首先,由社区党总支通过组团式服务普遍走访、弄堂议事会会议等渠道征集民意,每半年召集社区各方面代表参与议题征询会,对收集的社情民意、自治议题进行讨论,对征询通过的议题形成议案;然后,召开社区成员代表大会对议案进行讨论,提出相关意见。在这个过程中,要将议题征询会形成的相关议案、听证会的内容和听证会结果进行公示。公示制要求在社区醒目位置通过公示告知会议举行的时间、地点、邀请的对象、会议内容以及会上达成的共识,让居民广泛知晓。② 民主恳谈会——协调会。民主恳谈会在协调会之前举行。它是针对涉及社区成员公共利益的有关事项、社区成员间的民事纠纷和利益冲突,居委会或自治家园理事会与当事的一方或多方共同召开的协商会议。协调会制度是对涉及社区成员间的公益性、社会性事务以及一般矛盾、利益冲突进行协商解决的会议制度。与协调会配套的责任制是通过文本明确权利和义务,落实责任人、解决事项的制度;一般是在民主恳谈会或协调会之后,各方相互达成一致意见,形成规范的解决方案或调解意向文本。事项的相关当事人、责任人必须在文本上签字盖章,解决事项要落实到具体责任方、责任对象并要求他们予以贯彻执行。③ 监督合议

---

① 何雅君:"三会"制度动员居民参与社区建设——五里桥街道首创,被写入新修订的《上海市居民委员会工作条例》,在全市复制推广,http://www.zhoudaosh.com/183976.html。

会——评议会。评议会针对涉及社区成员公共利益的有关事项而举行,并在事项实施过程中,通过建立第三方专业监督与居委会、自治组织代表、社区成员代表、居民群众代表民主监督相结合的综合评价体系,对事项解决过程进行全程监督,并对存在的问题及时通报反馈、督促处理。在评议会上,居委会或自治家园理事会要组织社区成员代表对需要评议的事项、机构和对象及其工作进行考核评议。与评议会配套的承诺制是指被评议的单位、部门和个人针对评议中提出的问题做出整改承诺的制度。整改承诺内容要同本单位、部门的各项管理工作紧密结合起来,并将其纳入岗位目标绩效考评。

3. 运行效果。"三会"配"三制"有效地解决了社区居民为什么参与、谁来参与、如何参与这三个相互关联的问题,构建了有利于居民参与的制度化、体系化的载体和平台,并通过制度规范保障了居民参与的广泛性和长效性,是对我国城市社区居民参与社区治理的有益探索和重大贡献。"三会"配"三制"的作用主要表现在以下几个方面。一是提高了社区居民的参与意识。议题都是社区居民最关注的热点、难点问题,与居民利益息息相关,必然引发居民的广泛关注和强烈共鸣。二是构建了居民参与的平台。上海五里桥街道的经验在于建立了居民能够参与且便于参与的平台和载体。这个平台和载体具有高度的开放性和规范性,最大限度地保证了社区居民参与的有序性。三是畅通了利益表达和诉求渠道。居民的要求和诉求成为政府关注的民意、民声,成为社区治理决策的依据。四是构建了公共领域,增强了居民认同感。"三会"通过民主协商形式,创造了居民的对话空间,塑造了居民共同关注的主题,增强了居民的社区归属感和认同感,"推动了人际关系和谐互助共同体的形成"[①]。

总之,上海的"三会"配"三制"模式,是社区居民自我管理、自我教育、自我服务、自我监督的有效形式,这一模式为社区居民参与社区治理树立了典范。

二、项目制:让社区服务"亮"起来

项目制来源于工程技术管理,目前已经应用到很多领域。在社区治理中,项目制也具有广阔的应用空间。比如,在政府购买服务中,社会组织运用项目为社区居民提供各类公益性服务,取得了良好效果。有的学者甚至得出这样的结论:"社区项目制治理已成为城市基层社会治理的重要范式。"[②]

① 潘鸿雁:《基层群众自治实践与制度建设思考——以上海市三会制度为例》,《华东理工大学学报》(社会科学版),2010 年第 5 期,第 143 页。

② 郑晓茹:《城市社区项目制治理的行动框架、逻辑与范畴研究》,《上海交通大学学报》,(哲学社会科学版),2018 年第 5 期,第 57 页。

（一）项目制对社区治理的适用性

社区治理是社区中不同利益主体的博弈行为和博弈过程。如何将各个利益主体连接起来进行有效整合是社区治理必须解决的课题。项目制可以解决这一难题。比如，为了满足居民社区养老的需要，我国投入了大量资金并建设了众多的社区日间照料中心。有的城市为避免社区日间照料中心闲置，通过购买服务的方式将其委托给社区社会组织，由社会组织提供专业化的服务，社区对此进行监督。在项目实施过程中，政府、社区、社区居民、社区社会组织"共同构成了复杂行动链的多元主体，并在行动链的编织中介入社区现有的治理组织架构，并以此再构社区秩序"[①]。社区需求、行动链和秩序三者共同构成了社区项目制治理的行动框架。

另外，面对社区居民多元化的服务需求，以项目形式对服务进行归类管理是最有效的供给方式。随着时代的发展和进步，社区居民不断分化，服务需求多样性凸显。满足这些服务需求，必须走科学化、精细化的道路，项目制则完全能满足这个要求。一是项目本身有固定的逻辑结构，项目目标、任务、路径、考核方法、奖惩等构成完善的管理体系。二是项目成为政府管理的抓手和最重要的工具。除了基本公共服务需要政府供给，其他的非基本公共服务可以由社会供给，这是现代国家社区治理的普遍规律和共性特征。政府不直接供给并不代表政府无所作为，政府必须对非基本公共服务质量进行控制，这是政府的基本职责所在；何况，很多服务项目是政府投入了财政资金的，钱是如何花出去的、绩效如何、服物对象是否满意等一系列问题都是项目制管理不可或缺的内容。从这个意义上讲，项目制成为政府推动社区公共服务体系建设的重要工具。

社会组织参与社区治理最有力的方式之一也是实施项目制。社会组织根据社区居民的需要，设计服务项目并在规定的时间内完成，成为当下社区服务的主流形式。项目制成为社会组织嵌入社区治理最重要的途径。全国各地政府购买社会组织服务普遍采取了项目制方式。可见，项目制与社会组织发挥作用的途径和方式密切相连。如同无船无法渡河一样，项目就是社会组织"渡河"的船。

（二）项目制应用案例分析

如何在社区治理中是运用项目制，对这一问题，必须通过实际案例介绍才能说得明白。笔者作为第三方组织的专家参与了项目设计辅导、项目评估等工作，

---

① 郑晓茹：《城市社区项目制治理的行动框架、逻辑与范畴研究》，《上海交通大学学报》（哲学社会科学版），2018 年第 5 期第 66 页。

可以说参与了项目制管理的全过程。2018年,青岛李沧区九水道街道办事处为了推进社区治理,公开进行服务项目招标。社会组织可以自行选择服务项目,制作项目书参与投标。青岛12349公共服务中心经过实地调研,结合自身优势,设计了"共建共荣、聚力宾川"服务项目(具体见表2)。

表2 宾川路社区服务项目书

2018年九水街道宾川路社区购买社会组织服务项目 申请书	
申请机构信息	
机构名称	青岛市12349公共服务中心
注册时间与地址	2012-5-24 青岛市延安三路228号民政大厦第9、10楼
机构负责人姓名与职务	张登国 法人代表
机构类别	□社会团体 □基金会 □民办非企业单位 □大学、研究所或事业单位批准成立的非营利组织 □工商注册的非营利公益组织 □其他
服务领域	□社区发展　　　　　□家庭及儿童服务 □老人服务　　　　　□残障帮扶服务 □妇女服务　　　　　□外来务工人员服务 □青少年服务　　　　□其他_____
联系人	张亚萍

相关执行经验:(机构在项目申请领域内的相关专业经验及相关领域内获奖状况等)

青岛市12349公共服务中心(简称"12349")成立于2012年,是由青岛市民政局主管并监督设立的非营利性服务组织。12349公共服务中心以"立足社区、服务美好生活"为宗旨,依托信息平台和线下社区服务平台,整合社会资源,关注社区公共空间的营造与社区自组织的培育引导工作,助力社区发展。12349公共服务中心下设12349便民服务热线、社会工作服务中心、社区居民之家、社区虚拟养老院、社区老年人日间照料中心、残疾人日间托管中心等。

本项目实施团队自2014年起,开展了面向全市的失能老人社区居家照料护理服务项目,先后承接了"民政部、中央财政购买社会组织服务项目"(2014、2015年连续两年获得支持),民政部、李嘉诚基金会"大爱之行"社工示范项目等国家级专业服务项目,以及市、区政府购买的服务项目,具有丰富的项目执行经验与服务管理经验。

1. 2012年执行至今的由青岛市民政局支持的"社区便民服务中心体系建设项目",资助金额200万元／年。

2. 2013年12月执行至今的由李沧区民政局支持的"义仓义集——社区互助体系的建设项目",资助金额30万元／年。

3. 2014、2015年连续两年中标民政部、中央财政支持社会组织参与社会服务示范项目,针对失能老人及其家庭提供社区居家专业照料护理服务及照护技能培训服务,支持金额为50万元／年。2014年7月至2015年11月,中标由民政部李嘉诚基金会支持的"爱晚——以社区为基础的失能老人社会支持体系建设"项目,资助总额为20万元。

4. 2015年失能老人居家护理援助服务荣获由腾讯公益发起的"中国公益行动奖"。2015年获市民政局福彩公益金支持,中标"老年人康复护理和助洁助浴等服务"项目,为全市1 000名失能老人提供居家康复护理服务,为全市1 000名失能老人提供居家助浴服务(简称"双千项目")。

5. 2016、2017年社工服务项目覆盖青岛市四区,服务群体涉及老人、留守儿童、妇女等,对于社区发展、社区居民融合、社区嵌入式微型养老机构等项目有着深入的研究与实践经验。

需求分析:

1. 新旧居民价值观念的不同使他们相互交往产生困难。宾川路社区居民结构复杂,周边回迁居民与商品房居民共同居住。新居民为社区带来了新鲜的血液,注入了新的活力和更加多元化的文化内涵,但是,两种居民之间由于文化差异的影响,在心理和行为方式上会有较大差异,社区居民在彼此的交往中会遇到各种障碍;同时,不同的价值观念以及生活态度给这些社区的居民融合带来了巨大挑战。

2. 社区缺乏专业资源响应社区居民最迫切的精神文化需求。随着社会的发展,居民经济收入显著提高,精神文化需求也在不断提升,社区管理发生了变化,形成了"政府迫切推动、社会(社区)参与不足"的特征。表面上,所有的活动都在社区开展,但社区缺少主动发现问题并动员自身资源来解决问题的能力。问题的根源在于基于社会(民间)的社区组织缺失,没有形成社区自我运作的机制。

3. 社区居委会、居民、物业三方之间关系紧张。在宾川路社区,物业、居民和居委会由于所处的角度不同,加之社区中许多居民生活中第一次认识物业这一角色,导致三方之间沟通存在障碍,缺少一个正式的交流平台。

4.社会组织参与社区治理,离不开社区领导及工作人员的配合。社会组织工作内容和社区工作内容虽有不同,但属于合作分工,都是为居民服务。社会组织根据社区需求及领导的指示设计项目书内容,在工作中充分尊重社区领导的要求和意见,也要求社区领导在允许范围内给予社会组织充分的发挥空间,将项目做到尽善尽美。

5.社会组织将严格按照项目书内容开展各项活动,如遇特殊情况替换内容,仍保证总服务次数不变。社区根据临时工作安排要求增加的服务,如无实物成本支出,社会组织将尽力配合完成,额外支出成本需要社区另行支付。

"共建共融 聚力宾川"社区服务拓展项目

一、出版社区报4期

每一个季度出1期社区报,每期300份,发放给社区居民、街道、民政局等,全年共计4期。

二、党建文化

协助社区党支部打造社区党建品牌,形成一套完整的社区党建品牌设计,包括党建Logo、文化内涵等。

三、协助党组织开展主题党日活动(6场)

创新传统主题党日活动形式,在项目周期内共计开展6场特色主题党日活动。

四、文化活动(6场)

1.粽情端午——品鉴中国传统文化(慰问社区孤寡老人);

2.不忘初心,红色记忆——我是一名中国共产党党员;

3.我的社区我的家——亲子彩绘筑爱社区;

4.融心邻里互助大集;

5.万家团圆迎中秋,四海欢腾庆国庆——国庆节党群文化活动;

6.巾帼不让须眉——"三八"节活动。

五、居民议事会

成立宾川路社区居民议事会,制定议事会会议规章制度、组织架构等,同时协助社区召开会议。

六、社区便民体系

构建社区便民服务体系,整合至少20家便民商家并将其纳入服务体系中,完善便民商家组织架构。

七、日常趣缘小组活动(共计 20 次)

每两周组织一次居民趣缘小组活动,丰富居民的日常生活,同时也吸引居民走出家门,增加他们与社区的联系,提升他们的社区归属感。

八、志愿队伍建设

协助社区推选楼长,并做 4 场楼长(志愿者)培训活动,设计并制造 50 件宾川路社区志愿马甲。

我们以此为参照系,分析该项目是如何运行的。

1. 项目设计。12349 公共服务中心(以下简称"12349")具有丰富的社区治理参与经验。根据街道办事处的要求,"12349"到社区进行了实地调研,了解居民服务需求,发现居民为了过上美好生活,迫切需要提高自己的生活技能。需求明确了,"12349"就在第三方组织——李沧区立信社会管理咨询中心的指导下进行标书的制作。标书是格式文本,包括项目投标方的基本信息以及服务项目的题目、内容、活动考核指标等内容。

2. 项目评审。街道办事处组织由政府官员、专家、社区代表构成的招标委员会,对"12349"等社会组织提交的标书进行答辩和评审。其中,有两个环节:一是"12349"负责人对标书进行陈述并回答评委提出的疑问;二是评委进行无记名投票,根据票决结果决定该项目是否通过。

3. 中期评审。2018 年 11 月,李沧立信社会管理咨询中心组织专家对"12349"承接的服务项目进行评审;对照个性指标,查看各种记录和账簿,并听取项目负责人的介绍,写出中期评估报告;对发现的问题要求项目方提出整改方案,提报街道办事处和监督方备案。

4. 日常监管。通过微信、实地查看等方式,监管方与社区居委会、街道办事处一起,对"12349"承接的服务项目进行监管,随时发现问题、解决问题。

5. 终期评审。在项目完成后,组织评审委员会对"12349"承接的服务项目进行结项评审。结项评审程序与中期评审类似,主要考察目标完成的情况;在全面考核的基础上给出最终结论,确定服务项目属于优秀、合格、不合格中哪一个等级,结项报告按规定提交给街道办事处。

通过本案例可以得出如下结论。第一,项目制管理是一个闭合系统,涉及项目生成到终结的全部过程。第二,项目制是集合各方利益的有效工具。政府、供给方、监管方、服务对象等都被纳入这个体系,发挥各自的作用,实现了综合性治理。第三,项目制是一个技术体系。从前期服务需求调查到项目名称、内容的确定,再到指标的明确、评估考核等,都需要运用相应的技术手段。可以说,项目制是一个融合了多种技术手段的集成体系。

（三）运用项目制时应该注意的几个问题

社区本身的复杂性决定了项目制不同于一般的工程技术。项目制中人文与社会的多种因素聚集,使社区服务项目制运用呈现出很多特殊之处。一是项目设计是为了满足社区居民的某种需要。一个项目最好对应一个关键性需求,通过一个服务项目满足多个需求是不现实的。二是项目参与方多元化,一个项目往往涉及多个利益主体,这是社区治理中项目制运用一个最显著的特点。三是对绩效评价应该进行量化处理,但量化处理必须结合定性评价;绝对量化是做不到的,也不符合实际。比如,对服务对象满意度进行抽样调查的范围十分有限,样本的选择受到很多因素的制约。四是项目制的连续性和可持续性较强,一个周期结束后下一个周期可以继续运用。

项目制的优点是十分突出的,但用好项目制并不容易。用好项目制需要具备几个条件:一是项目承接方熟悉项目设计和运营,如果项目承接方对于什么是项目都不了解,很容易将项目搞成活动,以为活动就等于项目;二是政府部门要善于放权,特别是对于项目的评审和监督,最好找熟悉项目制的第三方,由其组织和实施;三是社区要接受。服务项目落地于社区,如果社区两委不接受或者有疑虑,就会对项目制的实施造成很大的阻力。

三、信息技术:让社区"活"起来

"互联网 +"社区治理是目前最为流行的社区治理方式。互联网的出现极大地改变了社区治理环境和治理方式,甚至可以说引发了社区治理的革命性变革。现在,智慧城市、智慧社区建设方兴未艾。对智慧城市、智慧社区的研究,不仅是理论关注的热点,而且是带有鲜明特色的实践行为。目前,绝大多数社区都建立了微信公众号、手机微信端,使社区治理有了新的平台和载体。

以武昌为例。武昌"微邻里"是一个集处理社情民意、提供居民服务、引领社区治理于一体的社区信息服务平台,居民可扫描二维码进入自己所在的网格群。信息终端设置有"我要说事""服务导航""网络群聊"三个栏目,居民可输入居住信息绑定相应社区的网格,实现与网格员一对一的信息互通。居民还可以在网格群里提出需求和建议,这些信息都会在后台留下记录,相关问题会被社区追踪督办。居民无论办理老年证或是求助、咨询,均可通过"我要说事"或"网格群聊"平台反映,后台将对数据进行分类分发,网格员会第一时间上门处理;若网络员不能处理,则会及时向上级部门求助。事后,居民可对报事处理的过程和结果进行满意度评价,形成居民诉求"收集—处置—反馈—评价"闭环系统。不仅如此,"微邻里"还有政务、生活、法律、文体、关爱、党员六类服务导航,进行政务办事指导,提供家政、餐饮、维修等服务联系人的电话等信息,用信息化手段全面收集、分类处置、及时反馈群众需求,做到社区全覆盖、一号通达不留空白。

2018年7月,武昌区14个街道140个社区已实现"微邻里"全覆盖,居民办事、咨询即可一号通达。截至8月23日,全区入群居民为456 371人,入群率达90.16%,入群率持续保持良好增长趋势。[①]

社区治理信息化的一个重要表现就是建设数字化社区;具体而言,就是用信息技术改造社区,通过全面的信息化、数字化,在社区范围内利用多种网络技术、计算机及微处理器技术、多媒体地理信息系统技术等建立社区建设、管理、服务数字化综合信息共享平台,并与城市建设、管理、服务数字化的综合信息共享平台互联互通,为社区管理和社区用户提供方便、快捷、高效、形象、丰富的数字服务。[②]

数字社区的基本内涵包括以下六个方面。一是一类具有综合数字化服务的现代化社区。数字化家庭计费、数字化社区公共照明、数字化社区信息、数字化社区娱乐、数字化社区公共卫生与保健等构成数字社区的基本内容。二是一个以多媒体技术、数字智能设备、地理信息系统、虚拟现实技术以及多种现代测绘技术等先进技术为手段的现代化社区。三是触摸屏输入、手写输入、图像输入、语音输入与识别以及虚拟现实技术将是社区住户与社区交流的多媒体交互手段。四是IC卡、智能卡、指纹识别器、掌纹识别器、CCD将是数字化社区的安防系统、门禁系统、交费系统、电子商务等系统的安全数字化设备。五是地理信息系统与虚拟现实技术、各种测绘技术相结合,成为社区公共设施管理、使用和维护的有效手段。六是社区数据中心和家庭数据中心将是数字化社区的两个重要信息节点。社区数据中心一方面负责社区信息的采集与识别、挖掘与处理、存储加工和传输利用,另一方面负责各家庭数据中心与互联网的连接;而家庭数据中心则具有家庭内部设备的管理、家庭信息数据的管理、家庭消费结算操作等功能,用户将频繁使用。

为使社区的信息资源有序、主动、高效,实现整合管理和深层次利用,提高社区的运作效率和管理决策能力,实现社区真正意义上的信息化与智慧化,一些新的技术手段正在被开发出来并被运用到社区治理实践中。

---

① 吴纯新:《"微邻里"为社区治理装配智能大脑》,《湖北日报》,2018年8月31日。

② 吕剑亮、李伟:《中国数字化城市发展模式研究》,《情报科学》,2006年第5期,第674页。

四、社会支持网络:社区资源"联"起来

(一)社会支持及社会支持网络

社会支持的概念属于舶来品,格拉诺维特首次提出了"网络关系力量"这一概念。托依斯认为,社会支持仅指能够为个人提供必要的情感支持、工具性援助等方面支持的系统,并不等同于社会网络。[①] 对于社会支持的分类,库恩等人认为社会支持可分为归属性支持、满足自尊的支持、物质性支持和赞成性支持四类,卡特纳和罗素则将社会支持分为情感性支持、社会整合或网络支持、满足自尊的支持、物质性支持、信息支持五类。[②]

当我们将目光聚焦在社区层面时,社会支持包含的内容就显得极为宽泛,物质支持、情感支持、信息支持、财力支持等都是社区善治所需要的资源。可以说,社区治理中的社会支持涵盖了社区治理的方方面面。关于社会支持网络,本文采用弗洛仑德的观点,将之概括为五种网络,分别是个人网络、自愿连接网络、互助网络、邻里网络以及社区赋权网络。社会支持网络具有如下特点:一是以社区为基础,网络为社区治理服务,这是基本前提;二是超越组织界限,具有很大的弹性空间;三是以当事人为中心,以关系为焦点,随时可以利用。

(二)社会支持网络与社区治理

从过程态势看,社区治理就是社区网络构建并发挥功能作用的过程,根据需要组建各种网络,实现网络化治理。社区治理需要多种资源如人力资源、物力资源、信息资源、财务资源等,社区治理就是对各种资源进行整合的过程,将各种资源汇集到社区,应用于社区治理。社区自身拥有的资源很多,这些资源来自企业、单位、政府、居民、公益组织组织等,即体制内的体制外的都有。问题是这些资源高度分散,分布在各个主体手中,需要用科学的方法将它们组合起来,发挥整体大于部分之和的效益。

对社区治理的社会支持不应局限在个体层面,而应分布在组织层面,如社区居委会参与社区治理也需要社会支持。多元主体治理结构本身意味着网络治理具有应然性与现实可行性。我们可以将这种社会支持称为社区的网格化治理。网格化治理不同于一般社区治理。网格化是一种治理技术,即将居民聚集区按

[①] Peggy A.Thoits:《Conceptual, methodological, and theoretical problems in studying social support as a butter against life stress》, Journal of Health and Social Behavior, 1982 (23), 48.

[②] 贺寨平:《国外社会支持网研究综述》,《国外社会科学》, 2001 第 1 期,第 76–82 页。

照规模划分为不同的网格,并选出或任命网格员,负责网格内的信息整理、传递工作。网格化在一定程度上解决了社区治理的精细化问题,但目前关于网格划分是否合理、网格员职责定位是否准确、如何考核网格员的履职效果等很多问题都没有在实践中得到圆满解决。

(三)社会支持网络的运营策略

各种网络对象不同、行为特点不同,所采用的策略也存在差异性。① 个人网络。对象为家庭成员、朋友、邻居等。策略:集中有联系的且发挥作用的成员,动员当事人中的重要人物提供支援。② 自愿连接网络。对象为社区内愿意成为义工的成员,包括大学生、党员、共青团员、辖区内单位的志愿者等。策略:服务对象寻找可供分配的义工,发展义工与被支援对象的伙伴关系。③ 互助网络。有共同问题及背景兴趣的人士。策略:建立朋辈支持以及互助小组,加强同伴支持体系、信息系统等。④ 邻里网络。邻居、社区商业店员、小区管理员、保安员等。策略:召集、推动邻居为服务对象提供服务;加强与服务对象的联系,通过可达性高、及时便捷的服务强化相互帮助,降低"烙印"效果。⑤ 社区赋权网络。对象为社区人大代表、政协委员以及社区中有影响的人士。策略:建立一个行动网路,争取资源及赋予权益;联系人大代表、政协委员等重要人物。

需要指出的是,构建完善的社区治理社会支持网络需要发挥专业社会工作者的作用。在社会支持网络构建活动中,社会工作者起着组织者、倡导者、激励者的作用。离开专业的社会工作者,社会支持网络的建立与运行必然会遇到各种难题。

五、标杆管理:让治理效应"显"出来

社区治理是一个不断学习和超越的过程。标杆管理技术在社区治理中有着巨大的应用空间。标杆管理可以极大地优化社区治理结构、改善社区治理效能、提升社区治理水平。

(一)何谓标杆管理

标杆管理在英文表述中就是绩效基准,即确定绩效的底线。标杆是一种业绩标准,这种标准可能是组织为达到某个目的期望的业绩水准,或出于其他各种各样的原因订立的标准。标杆管理是一种对本组织与其他组织的最佳实践进行比较并致力于改善绩效的一种管理方法。

（二）社区治理中如何应用标杆管理

社区治理是一个动态的、不断完善的改革过程,运用标杆管理技术可以及时发现社区治理中存在的问题、找到原因并提出正确的改进措施,从而提高社区治理绩效。在探索社区治理的过程中,有许多问题需要找到答案,如:多元合作共治的最佳结构是什么样的?如何准确衡量社区自治效果?对社区服务供给质量与绩效如何评价? ……全国各地围绕社区治理进行了艰辛的实践探索,涌现出了很多标杆。由人民网和国家行政学院联合举办的创新社会治理案例评选中就有很多社区治理方面的最佳实践样本,如湖北省武汉市武昌区的"红色业委会"、北京市海淀区的"小院民主自治盘活老旧空间"、河北省保定市探索"三社联动"社区治理模式、广东省广州市番禺区搭建电梯事务社区治理平台等都是值得我们学习的标杆。

（三）标杆管理过程

美国公共管理协会提出了标杆管理的十大步骤:确定标杆;确定比较对象;收集数据;确定绩效差距;就结果进行沟通;制定改善的目标;制订行动计划;实施计划;对实施结果进行监督;重新校订目标。如果进一步归纳的话,标杆管理含有五个步骤:第一步,确认标杆管理对象;第二步,确定比较目标;第三步,收集与分析数据,确定标杆;第四步,系统学习和改进;第五步,评价与提高。

如果细分的话,可以将社区治理中的标杆管理分为以下几个步骤。① 寻标。找到最佳实践样本,明确学习追赶的对象。② 对标。对相关数据与事实进行比较,努力发现其中的差距。③ 达标。采取行动,追赶目标,与学习对象并驾齐驱。④ 夺标。在此基础上,超越学习对象,成为领头兵。⑤ 创标。这是标杆管理的最高境界,通过创新树立社区治理的最佳典范,形成全国学习的样板。

（四）标杆管理案例:由"三社联动"到"四社联动"

"三社联动"最早起源于上海等地,是我国社区治理创新的一种模式,强调社区居委会、社会组织、社工明晰各自的职责,发挥各自的资源优势,形成资源共享和互补、彼此互相促进的良好局面。"三社联动"模式一经提出就在全国范围内产生了很大影响,"三社联动"模式成为全国各地学习的标杆。2015 年 10 月22 日,国家民政部在重庆召开全国社区工作暨"三社联动"推进会,要求全国各省、市、自治区加快"三社联动"推进步伐。青岛李沧区九水街道办事处认真学习上海、南京、北京等地"三社联动"的经验,自 2018 年开始实施党建引领惠民生工程,通过购买社会组织服务推动社区治理创新,摸索出"四社联动"模式,即社区居委会、社会组织、社会工作者及社会智库分工合作、共治共享。"四社联动"模式是对"三社联动"模式的发展与超越,最突出的特点是引入社会智库,发挥智库智囊作用,通过培训、项目设计与评估、实践指导、调度与研讨等方式,帮助社会组织、社会工作者、社区居委会围绕社区治理创新进行合作,大力提升整个街道的社区治理水平。

六、网格化管理,让社区治理"细微"起来

网格化管理是我国城乡社区治理的重要技术手段之一。2013 年,党的十八届三中全会报告提出要改进社会治理方式,创新社会治理体制,以网格化管理、社会化服务为方向,健全基层综合服务管理平台。2018 年,中央一号文件《中共中央国务院关于实施乡村振兴战略的意见》进一步提出,要探索以网格化管理为抓手,以现代信息技术为支撑,实现基层服务和管理精细化精准化的途径。可见,城乡社区网格化管理已经被提升到一个全新的战略高度。网管化管理受到各地普遍重视。上海是网管化管理的先行者,北京、舟山、宜昌等城市通过积极探索也在网管化管理方面取得了显著成绩。

(一)何谓网格化管理

1. 内涵。目前,学术界关于网格化管理的观点多种多样,没有达成统一的共识。有的学者提出,网格化管理中的"网格",是指在综合考虑管理辖区地理面积,辖区范围内管理服务对象的特点、密度和分布,以及管理服务资源的配置情况等因素之后,划定的便于公共产品和服务供给者就近提供安全保障、辖区管理和精准服务的最小管理单元。[1] 网格化管理就是依托数字化技术,对城市地域进行网格划分,设立专业的信息共享系统,将专业处置部门和网格监督员置于一个动态的管理过程之中。[2] 2010 年,郑士源在《城市网格化管理概述》中提出,网格化管理借助计算机信息管理思维,按照既定标准将管理对象统一划分为多个网格单元,并通过应用先进的信息技术促进各个网格单元之间的协同运行,以达到信息交流与资源整合的目的,从而可以有效地提升管理效能。

2. 基本特征。有的学者认为,网格化管理的基本特征主要有三个:以信息

---

[1] 叶岚:《城市网格化管理的制度化进程及其优化路径》,《上海行政学院学报》,2018 年第 4 期,第 28 页。

[2] 周志忍等:《政策扩散中的变异及其发生机理研究——基于北京市东城区和 S 市 J 区网格化管理的比较》,《上海行政学院学报》,2014 年第 3 期,第 37 页。

技术为基础、以公共服务为内容、以合作治理为目标。[①]

（二）网格化管理的价值

网格化管理作为社区治理中一种新的技术手段，之所以能够在地方得到普遍推广，是因为这种治理方式适应了当前社区治理精细化的要求，有利于提高社区治理整体效能。

1. 有利于信息技术的应用。网格化管理本身必须依托信息技术，在区一级或者在街道层面建立信息中心，将社区的信息集成于统一的平台，实现信息的统一收集、交换、利用。信息技术为网格化管理插上了腾飞的翅膀。

2. 有利于整合资源。在网格内，所有的资源都被整合在一起，共同服务于社区治理。从政策扩散的角度看，网格化建立起政策扩散的基础单元，能够发挥政策的最大效力。这是网格化管理受到各级党委和政府重视的主要原因之一。

3. 有利于提升社区治理效能。精准化服务是当前社区治理变革的基本方向。网格化治理建立了横向到边、纵向到底的治理框架，形成了责权利相统一的治理格局，促进了人、财、物利用的效能化，对于提升社区治理水平具有积极意义。

（三）网格化管理的运行机制

网格化管理的基本流程是这样的：网格化管理中心➡网格化管理站点➡网格员；具体的工作过程分为相互关联的 7 个步骤，分别是信息收集➡建立档案➡任务派遣➡任务处理➡处理反馈➡核实结果➡综合评价。这 7 个步骤具有前后相继关系，层层递进，共同组合成网格化管理的流程。第一阶段为信息收集，主要由网格员负责，通过亲自巡视、居民反映、投诉等方式发现需要解决的各类问题。第二阶段为信息上报。网格员直接将收集到信息上报给网格管理站点，由其进行处理；处理不了的再上报网管中心，由其进行处置。在规定的限期内将问题解决即为结案，此为第三个阶段。最后阶段是综合评价，对前期处置结果进行反馈并根据效能指标进行评价，得出优劣结论。

（四）网格化管理与制度化建设

网格化管理是一种制度化建设过程，信息管理制度、网格员职责、信息反馈制度、信息排查报送制度等构成了完整的制度体系。以青岛市李沧区九水街道为例，街道出台了详细的制度规范保障网格化管理有序进行。

1. 网格长职责。社区网格长要全面熟悉街道、社区各项服务流程，认真履

---

① 谢珍珍：《社区网格化管理存在的误区及解决的对策》，《未来与发展》，2014 年第 5 期，第 35 页。

行工作职责,切实为居民服好务。① 网格长是网格化管理的实施者,承担着上达社区与办事处、下联社区居民群众的服务工作,当好社区与办事处的联络员。② 网格长要熟悉和掌握区域内户籍人口、常住人口、流动人口、商业网点等基本情况,当好社区工作的信息员。③ 网格长接到电话后,要将各项服务工作流程、需要准备的材料一次性准确告知居民,为居民办理社会事务提供快捷服务,当好居民的办事员和服务员。④ 网格长要按照真实性、准确性、全面性、时效性的原则,对责任区的各种信息采集汇总,全面掌握各种情况,当好网格化管理数据信息的采购员。⑤ 网格长要掌握责任区内的民情民意,记好民情民意并及时向社区、办事处反馈社区内的重大社情民意,当好信访维稳工作的接待员。⑥ 网格长要将中央、省(市、自治区)、市、区等重大决策宣传到居民群众中,架起市区、街道、居民的连心桥,当好党和政府路线、方针、政策的宣传员。

2. 网格化信息管理制度。① 在网格化管理中建立信息台账系统,实现社区网格数字化管理。② 信息台账系统坚持一个网格一本台账、一项工作一组数据的原则,使网格内各类数据信息科学、直观。③ 信息台账系统实行电子版本与纸质版本相结合的运作模式,电子版本作为数据更新库,纸质版本便于随身携带。④ 信息台账系统实行分类管理,以工作性质为尺度分为计生、人口、民政、慈善、文体、劳动、保障、党建、调解、城市管理、社区警务等若干小项。⑤ 信息台账实行动态管理,各级网格员负责消息台账系统的管理,坚持做到有变化时及时充实更改、无变化时定期维护,使信息台账系统随着工作的进展而变化。

3. 网格化工作排查报送制度。① 结合社区工作实际,将工作领域内所需求的信息分解至各级网格员,网络员须切实履行工作职责,按规定和要求定期在责任网格内开展信息排查工作。② 总网格长应当整合责任区内各类信息资源,创建台账式的网格化管理系统,并实行动态管理。③ 网格管理点为排查主要环节,网格长应认真做好信息记录工作,每个工作日如实填写工作日志,全面掌握责任区的基本情况,做到民情动态情况清晰明了。④ 网格员排查收集的问题与信息,整理后按"区分责任、分类处理"的原则,属于社区职责范围内的报送网格站主任,督促并协助该责任人在规定的时限内予以解决和反馈;属于社区职责范围之外的,上报相关直属单位。

4. 反馈制度。① 排查收集的各类信息与问题,必须本着"务实、快速、高效"的原则予以处理。② 在处置责任方面,涉及驻区单位之间、居民与社区单位之间、居民与居民之间关系的事务,原则上由网格责任单位领导牵头处理。③ 在处置时效方面,属于社区工作站职责范围内的,一般在 3 个工作日内予以解决;属于上级职能部门职责范围内的,一般在 5 个工作日予以解决;如特殊情况短期内难以解决,应当及时注明原因。④ 在处置协调方面,如问题超出职责范围,应当在 2 个工作日内报送相关职能部门,并及时反馈处置进展情况。⑤ 在处置反馈方面,所有问题处置办理结果都应向群众公示,接受群众监督。

网格化管理作为制度创新的成果,仍处在不断探索与完善的过程中,必然存在一些问题,如网格化管理人员素质较低、资源无法共享、社区居民参与热情不高① 等,这些问题严重影响了网格化管理的实施效果。

---

① 井西晓:《社区网格化管理成效的影响因素——基于回归方法的统计分析》,《新疆财经大学学报》,2017 年第 2 期,第 49 页。

第四章 >>

社区治理现代化

　　社区治理现代化是新时代我国基层治理的根本目标。党的十八大报告提出，在城乡社区治理中加强群众自我管理，是人民依法行使民主权利的重要方式。这是"社区治理"第一次被写入党的代表大会的报告，被嵌入中国政治主题，被注入中国发展政策，成为推动中国治理现代化的基础场域和基本抓手，标志着中国社区建设进入治理时代。[①] 党的十八届三中全会提出国家治理体系和治理能力现代化的改革目标，社区治理现代化问题应运而生。社区治理现代化对于国家治理的重要意义是显而易见的。社区治理现代化是国家治理现代化的基础性工程。基础不牢，地动山摇。没有社区治理现代化，国家治理现代化就无从谈起。2017年6月，中共中央、国务院出台《关于加强和完善城乡社区治理的意见》，明确提出了城乡社区治理能力建设的目标和要求，即到2020年城乡社区治理能力显著提升、到2030年城乡社区治理能力更为精准、全面。实现这一目标，必须构建一套体系完整、内容科学、简便易行的社区治理现代化的衡量指标体系，这是摆在各级党委和政府面前的一项重要任务。

一、社区治理现代化的内涵及特征

（一）社区治理现代化的内涵

　　现代化本身是一个不断发展的概念，一般是指由农业社会向工业社会、信息社会过渡的一种社会发展形态。将现代化与社区治理联系在一起，旨在明确社区发展的方向定位，使社区建设符合国家治理现代化的总体要求。

---

① 王木森、唐鸣：《社区治理现代化：时代取向、实践脉向与未来走向——十八大以来社区治理"政策－实践"图景分析》，《江淮论坛》，2018年第5期，第126页。

　　欲明确社区治理现代化的内涵,首先要界定什么是社区治理。社区治理是"在法治化、规范化的前提下,由政府行政组织、社区党组织、社区自治组织、社区非营利组织、辖区单位以及社区居民等多元主体共同管理社区公共事务的活动"①。对社区治理现代化,学术界进行了深入讨论,从不同的视角予以解读。比如,有的学者认为:"社区治理现代化是涉及经济学、人类学、社会学和政治学等领域的多重框架性概念。"② 有的学者提出,社区治理现代化是指由传统的一元化的管控式社区管理向多元主体参与的,以民主、协商、法治为基础的,以维护和改善人民群众利益为核心的现代社区治理转变的过程。③ 由国家治理现代化推论,社区治理现代化应该包括两方面内容,即社区治理体系现代化和治理能力现代化。

　　社区治理体系"是治理社区事务的制度框架、组织体系、规则机制和策略方法的总称,包含对社区经济、政治、社会、文化、环境等方面的综合治理体系"④。

　　社区治理能力包括国家和地方政府对社区的管理服务能力和社区的自治能力,强调把居民参与和自治贯穿于社区公共决策和执行等公共事务的全过程。⑤社区治理能力是社区治理体系在实践中的表现,是其实际效能。《关于加强和完善城乡社区治理的意见》明确提出了社区治理能力包括六个方面,这六个方面分别是社区居民参与能力、社区服务供给能力、社区文化的引领能力、社区依法办事的能力、社区矛盾预防化解能力、社区信息化应用能力。

　　社区治理体系注重制度、体制、机制的科学化、规范化、民主化,社区治理能力主要指社会治理体系在实践中的表现及效能,二者紧密联系形成辩证统一的关系。

(二)社区治理现代化特征

　　社区治理现代化在国家治理体系和治理能力现代化实现进程中占据重要地位,具有基础作用。社区治理现代化既不同于国家治理现代化,有其自身特点,又具备国家治理现代化的一般要素,是国家治理现代化在社区层面的反映。

---

① 邱梦华、秦莉、李晗等:《城市社区治理》,清华大学出版社,2013 年,第 20 页。

② 黄莹:《人文关怀:社区治理现代化的应有之义》,《人民论坛》,2018 年第 25 期,第 64 页。

③ 吴猛:《社区治理现代化》,https://wenku.baidu.com/view/3ed0e64ccbaedd3383c4bb4cf7ec4afe04a1b1d4.html。

④ 顾朝曦、王蒙徽:《社区治理现代化探索研究》,人民出版社,2015 年,第 63 页。

⑤ 郑安兴:《社区治理现代化的意涵阐释》,《华南师范大学学报》(社会科学版),2018 年第 3期,第 140 页。

1. 社区治理主体多元化。执政党、政府、企业、社会组织、居民个体都是社区治理的法定主体，分别发挥着不同的作用。在现代社区治理中，各个法定主体职责明确，彼此分工协作，形成多元共建共治共享的社区治理新格局。

2. 社区治理体系科学化。有关社区治理的各项制度健全，制度的系统性、联动性效应显著；组织体制合理，社区权力配置科学，权力主体之间关系定位明晰，能够进行互动配合，共同促进社区的发展与进步。

3. 社区治理方式法治化。社区既是自治权力的载体，也是国家和政府行政权力行驶的场域，这些权力都需要法律予以规范。有关社区治理的一系列问题必须被置于法治的框架下才能有序运转，如：政府在社区治理中权力边界在哪里？社区自治的范围有哪些，采取何种方式最合适？等等。可见，法治在社区治理现代化中起到了引领、规范和保障作用。一方面，社区治理制度需要法治化，依法运行；另一方面，必须运用法治思维和法治方法化解矛盾，引导群众依法行使权利、表达诉求、解决纠纷。

4. 社区治理过程民主化。民主治理是社区治理现代化的重要标志，也是社区治理转型的价值诉求。民主治理必须贯穿于社区治理的全部过程和每一个环节。社区治理的制度、体制、机制、运行模式都必须充分体现民主治理的要求，将人民当家做主的理念体现在社区治理的每一项活动中。民主选举、民主决策、民主管理、民主监督是社区治理民主化的具体要求。

5. 社区治理机制规范化。社区治理机制针对的是社区治理过程中各利益相关方的相互关系结构及其运行方式。社区治理现代化要求治理机制规范化，就是要明确执政党、政府、社会组织、居民等多元主体在其中的不同角色定位及其相互关系，并确定具体的运行制度，通过规范化操作，保障参与主体的合法权益，避免社区治理机制失灵、失范。

6. 社区治理手段智能化。在信息时代，互联网、云计算、大数据等被广泛运用于社会治理，智慧社区建设已经成为各地社区治理的普遍行动和共识。信息技术手段的应用，不仅能实现社区治理结构的扁平化，而且可以极大地提高社区治理效率，通过改变信息的流通与回应方式实现社区服务供给与需求方的无缝隙对接。

7. 社区治理队伍专业化。社区治理具有更多的专业性。社区发展的目标越来越高，社区居民的需要越来越多元化，迫切需要专业人士介入社区治理。比如，随着老龄化的快速发展，老有所养、老有所教、老有所乐、老有所学成为老年人的服务需求。老年大学、专业养老机构、专业护理人员等介入养老事业和养老产业是解决养老问题的必然要求和出路所在。过去那种粗放式的管理服务方式已经不适应当下的现实,精细化管理服务、专业人员做专业的事毫无疑义地成为社区治理的不二选择。

8. 社区治理结果高效化。评价社区治理是否实现现代化的标准之一就是治理绩效是否实现了高效化,即用最小的成本取得最大的收益。社区治理要耗费大量的人力、物力、财力以及信息资源。现代化的社区治理不能只讲投入而不讲收益,或者只关注投入而忽视效益。效益包括经济效益、社会效益。经济效益要求少花钱多办事、办好事;社会效益着眼于社会价值和社会目标的实现,如社区和谐,社区居民安全感、满足感和幸福感提升等。

二、社区治理现代化的实践探索

随着社区治理现代化的提出,各地都加快了社区治理现代化的探索步伐,涌现出很多先进典型;其中,有的侧重于整体推进,有的侧重于特色营造,有的注重顶层设计,有的深耕一线,各种探索精彩纷呈、成效显著。

南京:该市出台的《关于加强和完善城乡社区治理的实施意见》对当前和今后一个时期城乡社区治理工作提出了"两步走"的总体目标。第一步,到2020年,社区治理体制有效完善,治理能力显著提升,多方共治体系全面形成,社区公共服务、公共管理、公共安全得到切实保障,居(村)民委员会依法自治达标率达98%以上,网格化管理服务覆盖率达100%,社区综合服务设施、基本公共服务功能配置达标率分别达98%以上,城市社区专职工作者中持有国家社会工作者职业水平证书的占比达65%以上(农村社区达45%以上),城乡和谐社区建设达标率分别达到96%以上。第二步,再过5～10年,城乡社区治理体制更加成熟,社区治理体系和治理能力现代化初步实现,为夯实党的执政根基、建设"强富美高"的新南京奠定坚实基础。

杭州:党的十九大之后,杭州市出台了《杭州市城乡社区治理与服务体系建设规划(2017—2020年)》①,提出了创新社区治理服务模式、深化"三社联动"服务机制、构建社会化治理服务格局、激发社区人才队伍活力、提升社区治理服务精细化水平等五项任务。创新社区治理服务模式要求强化社区党组织领导地位,加强社区居委会自治能力建设和优化社区公共服务工作站设置运行方式。深化"三社联动"服务机制要求创新社会组织培育新机制,大力推动社会工作发展和

---

① 具体内容详见杭州市民政局葛卫平对规划的解读。杭州政府网站(http://www.hangzhou. gov.cn/art/2017/12/25/art_1256285_14557432.html)。

壮大社区志愿者服务队伍。构建社会化治理服务格局,要求加强社区综合服务设施整合,推进社区"邻里中心"建设和构建社区协同共治服务格局。激发社区人才队伍活力,要求优化社区工作者队伍结构,提升社区工作者服务能力和加强对社区工作者的保障与激励。提升社区治理服务精细化水平,要求提高社区建设国际化水平,打造农村田园社区特色品牌,推进撤村建居社区规范化建设和提升社区治理服务信息化水平。

该规划有以下三个亮点。① 加强社区居委会自治能力建设。该规划提出要依法加强城市社区居委会与业主委员会和物业服务企业之间的关系,探索符合条件的社区居委会成员如何通过法定程序兼任业委会委员;探索无物业小区依托社区居委会及自治单元如何实行自治管理;以网格、小区、楼宇、院落、庭院、楼道、自然村等实体为单位,优化自治单元设置,激发社区自治主动性,推动微治理和服务创新。② 推进社区"邻里中心"建设。该规划中提出要探索"邻里中心"社会化运营模式,结合规模发展、降低成本及社区服务社会化、专业化的未来导向,推广民办社工机构、社会组织、社会企业、供销社(农合联)经营机构参与运营"邻里中心"的模式。政府、市场作为服务供给主体参与"邻里中心"的开发与运营,推进政府机制、市场机制和社会机制有效衔接与整合,实现"以服务养服务,以实业促事业"。③ 优化社区工作者队伍结构。该规划中提出要创新选拔培养机制,坚持面向基层的选人用人导向,将表现优秀的社区党组织书记纳入区(市、县)后备干部人选,将表现优秀的社区工作者纳入街道(乡镇)后备干部人选,加大社区工作者的选拔使用力度。

合肥:"一微带四微"打造社区治理新品牌。[①] 2016 年 8 月,合肥市镇海区被列入安徽省首批社区治理与服务创新实验区。针对社区普遍存在的政府管理不到底、公共服务不到边、多元参与不踊跃、和融共生不理想等现实难题,该区坚持以问题为导向,以"微治理"为抓手,围绕"微机制、微平台、微活动、微基金"建设,推动社区服务向每一户、每个人覆盖。

第一,构建"微机制",打造"全能社工"工程。自从 2016 年起,镇海区推出了"全能社工"工程,对社工进行综合培训,让每名社工都能全面掌握服务内容,并且在各便民服务中心设立综合受理窗口,集中接待群众咨询和办理各类公共服务事项,实现社区事务"前台一窗受理,后台全程办理",真正实现让群众"最多跑一次"的目标。

第二,打造"微平台",成立小区自治互助站。力争"小"问题在小区层面依

① 吴萍萍:《"一微带四微"打造社区治理新品牌》,《安徽日报》,2018 年 9 月 12 日。

靠居民自己解决，"大"问题则借助网格流转通道，通过社区共商乃至街道会商解决，解决社会治理横向到边、纵向到底的问题。

第三，举办"微活动"，组织首届社区居民提案大赛。为了提高居民自主发现问题、解决问题的能力，2017年镇海区举办了首届社区居民提案大赛。该大赛内容涉及居民自治、困难帮扶、社区文体、环境保护、教育互助、理念倡导和基础设施改造等7大类，共收集各类居民提案74个，最后确定20个为优秀提案，并由财政拨款给予每个优秀提案5000元的资金补贴。这次居民提案大赛活动有效地激发了居民自治活力，调动了老百姓"自己事情自己解决"的积极性，增强了居民的认同感和归属感，取得了较好的社会效益。

第四，创设"微基金"，拓宽社会公益资金捐助渠道。招募冠名基金，由热心社区公益事业的社区居民、驻社区机构人员或其他社会人士，基于自己的意愿捐助资金并成立以自己姓名命名的微型基金，定向用于社区发展、社会救助、改善公共设施、资助公益项目和志愿服务等。冠名基金规模小到数百元、大到上万元不等，统一放入社区的公益基金账户，由社区工作人员进行监督管理。

武汉：武汉市是全国社区治理的先进城市，涌现出了很多典型。例如，江岸区百步亭社区开创"三方联动"机制，凝聚社区居委会、物业服务公司、业主委员会三方力量，使各利益方真正"拧成一股绳"，有效破解了各种难题；汉阳区江欣苑社区针对"城中村"治理难题，充分发挥党组织作用，走出引领群众、造福群众的新路径；青山区青和居社区总结出关于党建引领基层自治、法治、德治的成功经验，等等。武汉将全市社区治理经验总结、提炼为1314。第一个"1"，就是建强一个基层党组织；"3"，就是构建党组织领导下的社区自治、法治、德治的有效路径；第二个"1"，就是打造一套全面、精准、精细的信息化社区服务体系；"4"，就是建立"工作力量全进入、群众需求全收集、分类分级全解决、服务过程全评价"的"四全"服务机制。

建立一个强有力的基层党组织。武汉市出台了社区治理党内法规《武汉市社区党组织领导社区治理若干规定（试行）》，提出了建立社区大党委的目标要求，即以社区党组织为核心，吸纳辖区机关企事业单位（包括物业服务企业）党组织，共同组成社区大党委，发挥党组织在社区治理中的领导核心作用。

打造信息化的社区服务体系。根据民政部关于加快建设社区服务信息化的要求，武汉市建立了社区建设与管理信息系统。信息平台以社区居委会为基本平台，分层级建设，为居民提供多种服务，包括设备管理、公共卫生、医疗服务、人口管理、家政、共建单位、治安调解、党建等。

推进社区自治、法治、德治有机统一。武汉市青和居社区成立之初，社区内乱搭乱建、乱停乱放、乱贴乱画、乱堆乱倒、乱养乱种等"十乱"现象突出,社区党组织"硬话"说了一箩筐,告示贴了一满墙,但成效却不大。[1] 现实情况逼迫社区党组织创新治理思路。他们以自治为主线,以法治保底线,以德治树高线,下活社区治理"一盘棋"。领导自治:他们探索"敲门十八法",进门入户劝阻不文明行为,"敲"出了"友好楼栋"议事会、"社区我的家"恳谈会等自治平台,"敲"走了高空抛物坏习惯和"十乱"老问题,"敲"来了居民自治新秩序。领导法治:他们开辟社区"顺顺吧",组织法官、警官、检察官、驻社区律师和党员骨干轮流值班,用法治思维帮助居民顺心顺气,"顺"出和谐法治新气象。领导德治:他们常年组织 5 支志愿服务队身穿红马甲,活跃在社区各个角落,发动群众积极参与社区志愿服务,用"身边红马甲"引领文明德治新风尚。

建立"四全"服务机制。居民可以享受六类服务。[2] 政务服务:居民可以通过网上预约,请社区工作者全程代办有关事项,实现预约在网上、代办在网格、服务在社区、办事在街道。生活服务:推进老旧小区"红色物业"全覆盖,整合企业、社会资源以及志愿服务资源,打造"15 分钟服务圈"。法律服务:通过漫画、小品、快板等群众喜闻乐见的方式,宣传"用得上"的法律知识,整合律师、法官等专业力量,打造"信得过"的法律团队。文体服务:发挥党组织和党员作用,牵头成立各类文化活动团队,发动群众参与服务、自我服务、相互服务。关爱服务:发动居民关心关爱困难居民、弱势群体和特殊人群,营造"家"的温暖。党员服务:创新党内激励关怀帮扶机制,激励党员不忘初心、牢记使命。

三、社区治理现代化的评估指标体系构建

关于如何评估社区治理现代化,学者们进行了深入研究,提出了一些有价值的观点。吴雪娟、王林指出,构建社区治理绩效评估指标体系要符合真、善、美的标准,即指标体系的建立必须确保社区治理绩效测评指标体系的建立有利于引导治理主体(包括社区居民)求善与向善。指标体系中"美"的要求表现为内在的系统整体性和逻辑自洽性;"真"的标准要求绩效考评体系能遵循社区治理的规律,真实地描述社区治理的整个过程,包括投入指标、过程指标和产出指标。[3]

---

[1] 中央组织部二局等:《武汉青和居社区党组织领导社区治理调研报告》,《中国组织人事报》2018 年 9 月 21 日。文中的青和居社区的经验材料来自这个调研报告。

[2] 这部分内容来自宋磊等撰写的《推动基层治理工作规范化居民在社区享受六大类服务》,《长江日报》,2018 年 6 月 22 日。

[3] 吴雪娟、王林:《建立社区治理绩效测评指标体系的真善美标准》,《消费导刊》,2008 年第 8 期,第 209—210 页。

吴雪娟等人在研究社区治理绩效评估指标体系时,我国正处以在社区服务为主体的发展阶段,社区治理还没有提升到今天的高度。两位研究者提出的建议有一定的前瞻性,不足的是没有提出具体的评估指标体系,只是在理论思辨的层面上进行论证。包雅钧认为,衡量社区治理水平的高低,"可以从社区成员的社区认同意识、社区参与行为、社区服务、社区公益维护、社区组织机制等方面进行"[1]。孙建华则从社区公共服务绩效的视角分析了评估指标体系构建,认为可以采取三级指标体系;其中,一级指标为理念指标,二级指标为指导指标,三级指标为具体操作指标,"三个层次指标互相支撑,构成了对社区服务绩效客观评价的结构体系"[2]。理念指标包括三类,分别是经济价值取向、社会价值取向、人本价值取向。二级指导指标包括经济指标、效率指标、质量指标、回应指标、公平指标、满意指标。三级可操作性指标根据社区服务的具体内容加以区分,覆盖了社会保障、社区卫生、社区医疗、社区教育、社区文化、社区养老等不同的领域。

(一)指标构建原则

明确社区治理现代化的指标构建原则是构建社区治理现代化测量指标体系的前提和基础。按照治理现代化的要求,结合我国社区发展实际,确立社区治理现代化指标应当恪守以下准则。

1. 共治共享。现代意义上的社区治理与传统意义上社区管理的根本差别在于能否共治共享。所有的社区组织包括居民都是社区利益共同体,社区的发展与其利益的实现和满足息息相关。社区的所有管理制度、体制、机制建设,都必须围绕这个中心点展开,既要着力体现多元参与、相互合作,又要各守其位、各显其能,共同推动社区发展。

2. 多元参与。由管理到治理就是由传统的一元管理走向多元共治。权力和责任的多元化是现代社区发展的重要趋势。社区内的各类组织尤其是社区社会组织成为社区治理的重要力量。社区组织是社区居民参与治理的基础单位,构建新型社区治理体系、提升社区治理能力必须在制度建设方面将多元主体纳入其中,为其提供基本的制度依据和体制保障。提高各个参与主体的议决、监督能力不仅是社区治理的重点内容,更是衡量社区治理现代化水准高低的重要尺度。

3. 信息互联。推特、微信等现代信息技术在社区治理之中得到广泛应用,

---

[1] 包雅钧:《当前中国社会治理评估的思考》,《科学决策》,2011 年第 7 期,第 87 页。

[2] 孙建华:《推进社会治理能力现代化——大庆市社区服务体系绩效评估指标体系构建》,《大庆社会科学》,2014 年第 1 期,第 97 页。

是现代社区治理区别于传统社区管理的显著标志。现代信息技术的广泛应用不仅改变了社区治理形态,而且使智慧社区、智能社区建设成为社会发展的重要趋势之一。

4. 高效便捷。社区治理现代化要突出治理能力提升这一核心要素,围绕核心要素开展制度、体制、机制创新,包括社区-街道体制变革、社区去行政化、社区自治的真正归位、社区居民参与渠道与途径的拓展、参与能力的全面提升等诸多事项,通过创新使社区治理能够聚焦社区自治这一社区治理的本质属性,邻里关怀、守望相助成为社区运行的常态。

5. 绩效导向。衡量社区制度体系建设效果好坏的根本依据还是实践,是社区居民对社区的满意度以及他们的幸福感,离开这一点谈社区治理现代化就不是人本主义,就违背了科学发展观。社区治理现代化是一个过程,也是一个结果,必须将居民满意度作为社区治理综合绩效的基本评判尺度。此外,其他利益相关方的评价也是社区治理综合效绩评价的重要组成部分。

(二)具体框架结构

构建社区治理现代化的评价指标体系是推进社区治理现代化的必然要求,是社区治理现代化理念落地生根的现实需要。这方面的研究成果颇丰,如马建珍等学者运用结构-过程方法结合南京市的实际构建了一套社区治理现代化指标体系,[①]这也是笔者目前所见到的最具体的社区治理现代化衡量指标体系(表3)。

表3 社区治理能力现代化指标体系

	一级指标	二级指标	三级指标
社区治理能力现代指标体系	社区治理结构	社区党组织	组织建设能力
			制度建设能力
			核心领导力统筹协调能力
			凝聚力
		社区居委会	社会调查能力
			群众工作能力
			服务能力

---

① 课题组:《社区治理能力现代化指标体系研究——基于南京的调查》,《中共南京市委党校学报》,2016年第6期,第85页。

（续表）

	一级指标	二级指标	三级指标
社区治理能力现代指标体系	社区治理结构	社区居委会	组织动员能力
			协调能力
			类型
			数量
			规模
			专业化程度
			参与度
			影响力
		社区居民	参与意识
			参与度
			参与内容
			参与效能
	社区治理过程	治理制度	社区治理规则
			社区治理政策体系
		治理机制	决策机制
			居民参与机制
			信息公开与沟通机制
			公共需求调查机制
			绩效评估机制
	社区治理技术	社区信息化建设	网络基础设施
			信息化平台
			信息化人才队伍
			信息化手段
	社区治理绩效	社会管理绩效	邻里关系
			弱势群体关爱程度
			治安状况
			居民安全感

（续表）

	一级指标	二级指标	三级指标
社区治理能力现代指标体系	社区治理绩效	社会管理绩效	犯罪率
			邻里矛盾
			社区冲突、突发事件
		公共服务绩效	公共服务实施
			公共服务覆盖面
			公共服务模式创新
			公共服务质量
		社区公共意识	社区的熟悉感、亲切感和依恋感
			心理归属感
			对社区的认同度
			物质和精神需求满足感
			对社区党组织和社区居委会信任度

这套评价体系着力从社区治理能力现代化的角度提出了三个评估维度，很有现实意义，不足的是，在社区治理体系指标确立方面有所欠缺。社区治理能力现代化仅仅是社区治理现代化的一方面内容，社区治理体系现代化是不可或缺的。社区治理体系现代化是社区治理能力现代化的前提和基础，在某种意义上前者可能比后者更为重要。所以，构建社区治理现代化评估指标体系，必须将制度规则体系和能力体系有机结合起来，这样的指标体系才是完整的、科学的，才符合中央提出的推进国家治理体系和治理能力现代化的精神要求。

在借鉴学术界研究成果的基础上，本文提出社区治理现代化的评估指标体系（表4）。

表4　社区治理现代化衡量指标体系

一级指标	二级指标及权重 %	三级指标及权重 %	评价内容
社区治理现代化	1. 制度规则体系 40%	1. 基本制度 40%	1. 社区党组织章程与活动制度
			2. 社区居委会活动规则与制度
			3. 社区组织参与社区治理的各项制度
			4. 社区志愿与公益服务制度

（续表）

一级指标	二级指标及权重%	三级指标及权重%	评价内容
		2. 体制建设30%	1. 机构健全
			2. 各个主体分工合理
			3. 责任清晰
		3. 机制运行30%	1. 决策机制
			2. 协商机制
			3. 监督机制
			4. 执行机制
	2. 治理能力60%	4. 居民参与能力 20%	1. 参与数量
			2. 参与频率
			3. 参与效果
		5. 矛盾化解能力 15%	1. 矛盾预防与化解机构数量
			2. 矛盾处理及时性
			3. 民事纠纷案件数量
		6. 文化引领能力 10%	1. 完整性
			2. 规范性
		7. 为居民提供服务 能力20%	1. 基本公共服务
			2. 非基本公共服务
		8. 信息化应用能力 10%	1. 专业网站
			2. 微信等技术信息应用
		9. 依法办事能力 10%	1. 法律基本素养
			2. 违法案件数量
		10. 治理绩效15%	1. 居民评价
			2. 社会组织评价
			3. 政府评价
			4. 社会评价

　　说明：制度规则体系内容是否丰富，主要应从基本制度、体制、机制三个角度进行评价；其中，基本制度安排是基础，其完善程度决定了社区治理效能，并对体制、机制产生深刻影响。社区治理体制是社区相关主体的权力配置格局，包括纵向的街道与社区之间的关系和横向的社区内部各个主体之间的关系，如社区居

委会与物业公司的关系、社区居委会与业主委员会和社区居民代表大会的关系、社区党支部与社区居委会的关系、社区内专业服务组织与社区居委会的关系等。这些主体之间相互作用,构成了复杂的网络化的治理架构。社区治理的运行机制主要是评价社区事务是如何进行决策、执行、监督的,其过程怎样,是否达到了高效有力的标准。社区治理能力现代化包括六个方面内容,其中治理绩效是检验治理能力的终极指标。

(三)评价权重与评价标准

1. 采用德尔菲法,确立二级指标权重。制度体系是基础,能力是关键。将优良的制度体系转化为实际治理能力非常困难,需要很多条件,如人才、资本、信息等。结合专家的意见,我们分别赋予各项指标不同的权重,即制度体系占40%、能力占60%,并突出了居民满意度的占比。《关于加强和完善城乡社区治理的意见》明确提出"逐步建立以社区居民满意度为主要衡量标准的社区治理评价体系和评价结果公开机制",因此加大居民满意度权重是符合中央文件要求的。

2. 评价标准采用百分制,确立四个等级:100～95分为优秀,94～85分为良好,84～75分为及格,75分以下为不及格。

(四)运用指标体系时要注意的几个问题

社区治理现代化指标体系构建是一个新事物,各个方面正在进行探索,我们制定的这个标准也是初步的,需要进一步在实践中检验、完善。在指标评价体系的运用过程中,有几个问题需要特别注意。

1. 关于指标体系的适用性问题。我国社区非常复杂,有多种类型。对于社区管理模式,根据社区管理主体权能配置方式的不同,可以分为政府主导型、自治型、混合型;根据社区属性不同,可以分为城市社区和农村社区;根据社区成熟度的不同,可以分为成熟社区和新建社区;根据社区房屋价值与业主收入的不同,可以分为高档社区和普通社区,等等。各个社区区域分布、设施条件、财力状况等方面的差别较大,导致它们在服务水平、管理效能、人文品质等治理能力方面差别也很大;即使在城市社区,有的是村改居社区,有的是高档社区,有的是老旧"三无"(无门岗、无门卫、无物业管理)社区,有的是城乡接合部社区等,千差万别,指标体系的构建与运用不能搞"一刀切",要结合实际有所侧重、有所取舍。

2. 关于与和谐社区建设指标对接的问题。在社区建设中,根据和谐社会建设的要求,我国政府部门曾经出台了和谐社区建设的基本标准。和谐社区与社区治理现代化是什么关系？从一定意义上看，和谐社区是社区治理现代化所追求的结果之一。一个非和谐的社区肯定是治理水平低下的社区，难以达到现代化的标准。和谐社区中有些指标可以运用到社区治理现代化之中，成为其有机组成部分。全国和谐社区建设标准中的组织机构规范、制度规章健全的内容都是社区治理现代化的重要内容。比如，从社区党组织到群团组织多元主体的自身建设质量，既是和谐社区建设要求的内容，也是直接影响社区治理水平的极为重要的因素。同理，制度规章的健全也是提升社区治理能力的基础。另外，我们也应该看到，和谐社区建设标准不等同于社区治理现代化标准。和谐是社区治理现代化的目标追求之一但不是全部，社区治理现代化无论在内涵上还是外延上都宽于和谐社区建设。

3. 关于第三方独立评估的问题。社区治理现代化最好由独立的第三方来评价；如果条件不允许，也可由政府组织相关人员来评价。这两种方式各有优缺点。独立第三方评价是发展趋势，其评价结果更为客观，可信度有相应的保障。独立第三方评价应当采取政府委托或者购买服务的方式进行，政府主管部门要加强监督，防止腐败行为的产生。第三方参与社区治理能力现代化评价应具备几个基本条件。一是优良的信誉与资质，第三方必须有良好的组织能力和较为丰富的评估经验。二是专业性强，人才结构合理。三是与政府和社区的沟通能力良好。

4. 关于评估程序的问题。程序公正合理是结果正义的前提和保障。明确了社区治理现代化的评估主体以后，必须制定具体的评价细则，对评价全部过程做出详细规定，包括时间安排以及每个阶段的具体任务和做法，如前期准备、材料申报、审查、现场实际测评、结果统计、结果公示与疑义解决等，每一个环节都不能少。

以此观之，衡量社区治理现代化的标尺必须是治理体系和治理能力的有机结合。为此，我们既要测量社区治理体系的建设质量，更要注重制度体系在社区治理实践中的运用效果；既要注重硬件建设，更要重视软件建设。

四、社区治理现代化的推进路径

推进社区治理现代化已经成为新时代社区治理的重要任务。推进社区治理现代化需要从社区治理现代化的基本内涵出发，遵循社区治理现代化的规律，结合社区实际分类推进。

（一）完善社区治理体系方面

社区治理体系是社区治理现代化的重中之重。推进社区治理现代化首先要不断完善社区治理体系现代化，通过社区治理体系现代化破除阻碍社区进步的不利因素，为社区发展开辟广阔的道路。

1. 完善社区治理的基本制度体系。制度化治理是当代中国社区治理的重要特征和发展趋势。制度化治理要求制度建设与时俱进，以不断适应形势发展变化的需要。制度变迁是社区治理的难点，涉及很多因素。根据我国社区治理现代化的现实需要，要完善我国社区治理的基本制度，需要在以下几个领域实现突破。

（1）党组织与社区治理。中央文件多次强调必须坚持党的领导，明确规定社区党组织是社区管理的核心。对此，目前已经有城市出台了实施意见，但大多数城市还处在探索之中；有的沿用老办法，建立社工委、社区党总支、社区党支部、小组等三级或四级架构；有的采取大工委、大党委的方式，发挥党组织统筹全局、协调四方的作用。新时代要有新思维，社区治理现代化迫切需要党组织在社区治理中发挥领导核心作用，但这个核心作用如何体现以及具体反映到社区治理的哪些方面、具有哪些内容还值得我们进一步探讨和研究。在实际工作中，既要保证党的领导又不能由党组织包办甚至代替其他主体，这是社区治理中一个亟待破解的难题。

（2）政府与社区治理。政府将国家行政权力深深嵌入社区，这是当代中国社区建设的一个突出特点。这造成了双重结果：一方面，为社区建设和发展提供了必需的资源；另一方面，导致了严重的社区治理行政化，削弱了社区治理中的自治能力。要想从制度层面解决二者之间的矛盾，必须全面深化改革。一是对政府在社区治理中的角色功能做出明确界定；二是对政府部门介入社区设置边界和门槛，推行准入制和服务清单制，实实在在地为社区减负；三是改革目前的考核机制，弱化行政介入色彩，降低政府各部门对社区治理绩效的评价权重，发挥居民的主体作用，将社区居民满意度作为社区治理的最重要的判断标准。

（3）社会力量参与社区治理。社会力量参与社区治理是全球化时代社区治理发展的基本趋势。社会力量参与社区治理可以有效弥补政府治理的不足，从更深层次培育和激发社区治理的内生力。从制度层面为社会力量参与社区治理搭建平台和载体，推进参与行为和参与过程的规范化、常态化，是今后一个时期社区治理要解决的关键性问题之一。一些地方探索出用民主协商制度开辟社会力量参与社区治理的渠道，是一个很有价值的做法。实践中需要根据社区实际总结经验,及时做出顶层设计,将好的经验做法总结升华为普遍性原理在全国进行推广。

2. 健全社区治理体制和机制。社区治理体系涉及社区治理主体的权力架构设计,即各个主体的角色定位以及对相互之间关系的界定。目前,总的来说,按照党的十八大、十九大文件精神,各个主体之间的角色定位是明确的,但具体到社区治理的微观层面,必须将原则性规定化为更加具体的具有可操作性的制度规定。这是一个富有挑战性的课题。对党的领导和政府负责如何理解?什么样的行为属于社会协同?社会协同的途径有哪些?在社区治理中,构建科学的运行机制更为重要,没有好的运行机制,社区治理就不可能实现可持续发展。社区治理运行机制要解决的问题是党委、政府、社会力量如何各守其位、各尽其责又不相互掣肘、互相内耗,既能实现各种资源有效聚合又能最大限度地降低社区治理成本。为此,我们需要对社区治理机制进行深入探索,并鼓励地方创新,及时总结提炼地方的创新经验。

(二)提升社区治理能力方面

2017 年 6 月,中共中央、国务院发布的《关于加强和完善城乡社区治理的意见》明确提出了社区治理的六种能力:社区居民参与能力、社区服务供给能力、社区文化的引领能力、社区依法办事的能力、社区矛盾预防化解能力、社区信息化应用能力,这为我们指明了提升社区治理能力的具体内容和努力方向。

1. 增强社区居民参与能力。社区居民参与是社区治理的关键要素,没有居民参与或者居民参与不踊跃,社区就缺乏生机和活力,显得死气沉沉。从目前的情况来看,随着社会发展和社区居民主人翁意识的不断提升,广大社区居民愿意参与社区事务,这是一件非常可喜的事情。另一方面,一个较为明显的制约因素是社区居民参与能力还比较低,有意愿但能力不足的矛盾需要解决。这就要求政府加强组织、培训,通过社区精英带动更多的居民参与实践并增长其参与能力。同时,政府要根据社区居民的参与现状分类推进,即:有参与愿望且参与能力强的,可以发挥其带动示范作用;参与愿望强但参与能力有限的,重点培养其参与技巧,着力解决技术层面的问题;参与意愿低但参与能力强的,重点解决其参与意愿、提高其参与的积极性;参与意愿低且参与能力也不高的,要做好两头的工作,一方面提高其参与意识,另一方面要提升其参与能力,引导其通过参与活动潜移默化地改变态度,通过态度改变促进能力提高。

2. 提高社区服务供给能力。社区服务是社区治理的基础。社区服务与居民的实际生活息息相关。提高社区服务供给能力要在两个方面有所突破:一是数量,二是品质。从数量上看,社区服务涵盖面越大越好,如果不出社区就能解决社区居民服务需求是最为理想的。随着人民过上美好生活的需求越来越高,服务品质就显得更重要了。有服务但缺少相应的品质,居民也不会满意,所以服务的精细化、个性化在今天就显得格外重要。当然,服务品质的提升必须依赖服务数量作为基本前提和基础,离开这一点去强调社会服务供给品质没有太大的意义。为了提高社区服务供给能力,我们必须强化供给主体的多元化,改进对社区服务满意度的评价方法,通过外部刺激激活主体提升服务供给数量和品质的动力,使他们持续做好服务工作,不断增加群众的幸福感。

3. 强化社区文化的引领能力。文化需求是居民精神生活的反映。在社区治理中,重视居民文化生活,有利于激发居民热爱社区、参与社区治理的积极性。强化社区文化的引领力,有两个方面的要求:一是要保证社区文化活动的正确方向,满足并体现社会主义核心价值观要求;二是激发社区文化活动的活力,使之丰富多彩、引人入胜。前者要求党和政府加强社区文化队伍建设,发现和培育社区文化活动骨干,及时组建各种文体活动团队,提高文化活动的组织力;同时,对社区文体活动加强培训指导,提高专业化水平。后者要求有序推进,通过会演、比赛等多种形式,推动社区文化事业和文化产业大发展。

4. 增强社区依法办事的能力。增强社区依法办事能力,指的是社区治理主体依照法律准绳处理社区事务,防止人治化,减少办事的随意性。一是增强法治思维和法治意识,社区主体办理或参与社区事务首先看有没有法律要求;法律上有规定的,坚决遵从法律;法律上没有规定的,应严格按照政策行事。二是增强依法办事能力,包括加强学习和培训,增强社区工作者的法律知识;聘请社区法律顾问,加强合法性审查;加大宣传力度,以案说法,使法治观念深入人心。

5. 提升社区矛盾预防及化解能力。在社会转型的特殊时期,社区成为各种矛盾的聚集地,因此,防止各类突发事件的发生就显得极为迫切。一是要建立社区矛盾预警机制,及时发现和处置各类突发事件。要发挥社区网格员、楼组长、居委会成员、社区积极分子的作用,及时发现社区潜在的各类矛盾;同时,建立有效的矛盾纠纷排查机制,定期对矛盾进行排查,横向到边、纵向到底无遗漏,对矛盾进行分析、归类,制作问题清单、任务清单。二是要建立社区矛盾化解机制。有矛盾不可怕,怕的是缺少矛盾处置机制,使小矛盾演化成大矛盾、大矛盾激化成群体性事件。社区要设立矛盾调解室,由专人负责,使居民有地方申诉、有人帮助解决问题,努力实现矛盾处置常态化;要聘请法律工作者深入社区,为群众解读法律难题。

　　6. 增强社区信息化应用能力。信息时代要求社区提高信息化水平,通过信息化提升社区治理效能。一是要加强社区信息硬件建设,将触摸屏、呼叫系统、信息录入回应系统建立起来。硬件投入可以采取市场化的方式进行,吸引企业投入。二是要强化社区信息系化软件建设,加强对信息化人才的引进和培养。目前,信息化人才的引进和培养是制约社区信息化的最大短板,有的社区居委会人员结构老化、信息化知识严重不足,有的社区老年人居多、信息化应用技术水平不高,这一切都要求加强社区信息化人才队伍建设。一方面,可以通过"三支一扶",引进大学生承担社区信息化工作,采取招募志愿者方式或者设置信息员岗位,通过社会公开招聘弥补社区信息化人才短缺;另一方面,可以通过购买服务等方式,设置信息化应用知识培训项目,分批分类对社区居民进行培训,提高社区居民信息化应用能力。

第二部分

实践篇

第五章 >>

党建引领

　　社区是党领导社会的重要领域,是加强基层党建的重要空间。[①] 中共中央、国务院《关于加强和完善城乡社区治理的意见》(以下简称《意见》)提出,加强和完善城乡社区治理必须坚持党的领导,应做好八个方面的工作。一是充分发挥基层党组织的领导核心作用,"把加强基层党的建设、巩固党的执政基础作为贯穿社会治理和基层建设的主线,以改革创新精神探索加强基层党的建设引领社会治理的路径"。二是"加强和改进街道(乡镇)、城乡社区党组织对社区各类组织和各项工作的领导,确保党的路线方针政策在城乡社区全面贯彻落实"。三是"推动管理和服务力量下沉,引导基层党组织强化政治功能,聚焦主业主责,推动街道(乡镇)党(工)委把工作重心转移到基层党组织建设上来,转移到做好公共服务、公共管理、公共安全工作上来,转移到为经济社会发展提供良好公共环境上来"。四是"加强社区服务型党组织建设,着力提升服务能力和水平,更好地服务改革、服务发展、服务民生、服务群众、服务党员"。五是"继续推进街道(乡镇)、城乡社区与驻社区单位共建互补,深入拓展区域化党建"。六是"扩大城市新兴领域党建工作覆盖,推进商务楼宇、各类园区、商圈市场、网络媒体等的党建覆盖"。七是"健全社区党组织领导基层群众性自治组织开展工作的相关制度,依法组织居民开展自治,及时帮助解决基层群众自治中存在的困难和问题"。八是"加强城乡社区党风廉政建设,推动全面从严治党向城乡社区延伸,切实解决居民群众身边的腐败问题"。[②]《意见》为在社区治理中如何发挥党组织的领导核心作用,发挥党建的引领作用指明了方向。

---

① 肖剑忠:《社区党建引领社区治理何以可能——北仑区大碶街道学苑社区城市基层党建品牌"红立方"调查研究》,《中共杭州市委党校学报》,2017 年第 5 期,第 24 页。

② 见中共中央、国务院《关于加强和完善城乡社区治理的意见》。

一、抓好党建工作

"党政军民学,东西南北中,党是领导一切的。"发挥党的领导作用,必须着力加强党的建设,通过党建引领聚合资源、提升社区治理水平。搞好社区党建,首要任务是加强党组织的战斗力和凝聚力,使党组织成为社区治理的领导与核心。青岛市李沧区九水街道结合社区党建实际,突出重点,着力抓好以下工作。

(一)抓班子,带队伍

社区党建工作能不能搞好,关键在于是否有一个坚强有力的领导班子,是否有一支政治立场坚定、勇于担当、善于担当的干部队伍。九水街道十分重视社区党组织班子建设、干部队伍建设,为此采取了很多强有力的措施。

1. 优化班子队伍结构。根据青岛市委办公厅印发的《关于做好村"两委"换届选举工作的意见》《关于做好城市社区"两委"换届选举工作的意见》的要求,2017年12月—2018年1月,李沧区完成了11个社区的党组织换届选举。11个社区新一届党组织班子吸收了一批年轻的、高学历的人才,通过换届优化班子的成效非常明显。上届10个社区的两委班子共有63名成员。其中,大专及以上学历33人,占52%;45岁以下20人(其中35岁以下9人),占比32%。这届选举产生班子成员79人。其中,大专及以上学历55人,占70%,比上届提高了18%;45岁以下41人(其中35岁以下19人),占总人数的52%,比上届提高了20%。

2. 加大培训力度,提升干部素质。培训采取集中培训和分散培训相结合的方式进行。集中培训分两个层面。一是选派社区领导参加区里举办的培训班,主要有区委党校举办的社区干部培训班、区民政局举办的社区干部能力提升培训班以及街道定期举办的集中培训班。二是各个社区举办的培训。通过培训,丰富了社区党员领导干部的知识,开阔了他们的视野,更新了他们的观念,增长他们的技能,为他们履职尽责奠定良好的基础。

3. 创新党建主题日活动。通过走出去、请进来相结合的方式,增强活动的时效性。走出去的活动丰富多彩。有的社区组织党员群众参观李沧院士港、李沧创新园、青岛党史纪念馆、青岛城市规划展览馆等,感受青岛的历史和翻天覆地的变化,增强自豪感;也有的社区组织党员到外地学习,如参观威海刘公岛甲午海战遗址等,牢记初心,不忘使命,增强使命感和责任感;有的社区组织党员到先进社区参观学习,如到李沧百通馨苑社区学习取经。请进来的方式也很灵活,比如邀请专家到社区谈解放思想、讲服务能力提升、探讨党建品牌建设规律、讲解居民公约制定要求等,通过多种形式培训,全面提升社区领导班子的工作理念和工作技能。

4. 建立严格的考核机制,对党员实行积分制管理(表5)。① 明确积分对象,合理划分类别。积分制管理对象为党组织关系在社区党委各支部的正式党员和预备党员。年老体弱、无自理能力的特殊党员,本人提出申请,并经支部党员大会同意,可不纳入积分制管理。根据年龄、职务、身体状况和工作性质的不同,将党员分为社区"两委"党员、无职党员以及长期外出流动党员等不同类别,并分类制定相应的积分考核办法。② 设置评价指标,量化积分标准。党员年度考评积分由日常考核分(70分)、民主评议分(30分)和加分项目组成。日常考核分主要是党员履行基本义务情况,包括参加"三会一课"等各类组织活动、定期缴纳党费、积极发挥作用、按时完成党组织分配任务、主动定期向组织汇报思想等方面的得分。民主评议分主要根据党员民主测评结果计算得分。对在突发性事件中冲锋在前、勇挑重担、见义勇为,为保护集体利益奋不顾身、挺身而出等方面表现突出的党员予以加分。对参加邪教组织、违反计划生育政策、参与违法犯罪活动、煽动群众采取不合法形式上访或受到党政纪律处分的党员实行"一票否决"。③ 严格评分程序,做好积分管理。党员积分制管理以一年为一个周期(当年1月至次年12月),按照专人统计、按月登记、一季一评、亮分公示、年度汇总的方法进行。日常考核以党支部为单位进行,依据党员积分制考核标准按月对党员进行登记,党支部对党小组上报的加分、扣分项目进行调查核实;每季度召开一次支部委员会,结合党员平时工作和生活表现,研究审定每名党员的季度积分,经社区党委会议研究通过后予以通报或公示;次年1月,综合上一年四个季度的积分情况得出年度日常考核分。④ 强化星级评议,注重教育转化。党员年度考评积分90分以上为五星党员,80~89分为四星党员,70~79分为三星党员,60~69分二星党员,50~59分为一星党员,50分以下为不合格党员。星级评议结果在各单元党员之家公示牌和党员活动室党员参加党组织活动公示牌上予以展示。年度考评五星的党员,作为评先评优、"两代表一委员"的优先推荐对象,依次类推;预备党员年度考评不合格的,取消预备资格。对考评不合格的党员,社区党委书记亲自与其谈话诫勉,并采取"一对一""多对一"等结对帮扶方式,督促其做好整改转化工作。对连续两年度考评不合格和"一票否决"的党员,按照有关程序和规定进行组织处理。

表5 党员积分制考核标准

项目及分值		评分要点	评分办法
日常考核分（70分）	党性锻炼好	①党性观念强，不听信和传播谣言，不发表、散布同上级相悖的言论； ②贯彻执行党章规定和党的各项方针政策情况； ③参加党内各项活动情况，认真开展批评与自我批评； ④按时足额交纳党费，流动党员持证参加异地党组织活动并及时汇报有关情况	散布、发表与上级决定相悖的言论，每次扣5分；不参加组织生活，每次扣10分；未按时足额交纳党费，每次扣5分；流动党员没有持证参加异地党组织活动或不主动向本地党组织汇报思想，每次扣5分；其他情况酌情扣分
	发挥作用好	①充分行使党员权利，积极向党支部提合理化建议； ②模范履行党员义务，带头完成党支部分配任务，带头支持重点项目推进； ③维护群众利益，当个人利益与群众利益发生矛盾时，勇于牺牲个人利益； ④不搞非组织活动，坚决同违法犯罪行为作斗争； ⑤结合设岗定责、履职服务活动，主动认领服务岗位	不主动落实支部决议，不支持配合中心工作，扣5分；未完成党支部分配任务，甚至设置障碍的，每次扣5分；煽动或参与阻工闹事，破坏发展环境，每次扣10分；不积极参与设岗定责、认领服务岗位的，扣5分；破坏选举或参与非组织活动的，每次扣10分；其他情况酌情扣分
	服务能力好	①具有较强的服务意识和服务能力； ②积极参与党员志愿活动，关心支持公益事业； ③带头承诺践诺； ④积极带头致富成效明显，为群众提供创业帮助，带领群众共同致富	服务意识、大局意识不强，产生负面影响的，每次扣3分；党员未积极兑现承诺，每次扣3分；不参加志愿活动或不关心支持公益事业，每次扣3分；其他情况酌情扣分
	群众反映好	①发挥先锋模范作用，积极为群众办实事、办好事； ②敢于坚持原则、公平、公开、公正办事； ③遵章守纪守法，无违法违纪行为； ④尊老爱幼，家庭邻里和睦，在党员群众中有较高的威信	处事不公，在群众中造成不良影响的，每次扣5分；家庭或邻里关系不和谐，造成不良影响的，每次扣3分；其他情况酌情扣分

（续表）

项目及分值		评分要点	评分办法
	自身形象好	①带头移风易俗，在婚丧嫁娶等方面倡导文明新风； ②不信仰宗教，不参与宗教活动及封建迷信活动； ③不参加国家明令禁止的各种邪教组织； ④不组织、不参加集体访、越级访、重复访和无理闹事活动	党员村干部在婚丧嫁娶等红白喜事上大操大办，借机敛财的，每次扣10分；参与赌博、吸毒、封建迷信活动，影响恶劣的，每次扣10分；参与非法集访等活动，每次扣10分；其他情况酌情扣分
民主评议分（30分）		根据党员民主测评结果，按"好"计30分，"一般"计20分，"差"计0分，折算成民主评议分	民主评议分＝（"好"得票数×30＋"一般"得票数×20）÷总有效票数
加分项目		①在抗击自然灾害等突发性事件中冲锋在前、勇挑重担； ②为保护国家、集体利益奋不顾身、挺身而出； ③主动联系身边贫困户、留守儿童、孤寡老人等； ④积极为社会公益事业出资出力； ⑤积极参与招商引资，支持、配合各类重点工程建设； ⑥扶贫帮困、兴办好事实事； ⑦个人或集体荣获街道以上各类表彰； ⑧其他情形	①～②项酌情加5～10分；③～⑥项酌情加3～5分；第⑦项中，党员个人获街道表彰加3分，获区级表彰加5分，获市级以上表彰加8分；社区集体获街道综合性表彰的，书记、主任各加3分，其他班子成员计2分；获区级表彰的，书记、主任各加5分，其他班子成员加4分；获市级以上表彰的，书记、主任各加8分，其他班子成员加6分。同一类别加分不重复计算，加分累计不超过20分
一票否决		1. 本年度受劳动教养、行政拘留或以上处分的； 2. 本年度有犯罪行为的； 3. 本年度受到党政纪律处分的； 4. 连续六个月以上无正当理由不缴纳党费或不参加组织生活的； 5. 参加邪教组织或活动造成恶劣影响的； 6. 本人违反计划生育政策的	考评等次为不合格

（二）将政治建设放在首位

1. 政治建设的重要性。党的十九大报告首次"把党的政治建设摆在首位"，提出坚持党中央权威和集中统一领导是党的政治建设的首要任务,要求"全党要坚定执行党的政治路线,严格遵守政治纪律和政治规矩,在政治立场、政治方向、政治原则、政治道路上同党中央保持高度一致";要尊崇党章,严格执行新形势下党内政治生活若干准则,增强党内政治生活的政治性、时代性、原则性、战斗性,自觉抵制商品交换原则对党内生活的侵蚀,营造风清气正的良好政治生态;完善和落实民主集中制的各项制度。2019年2月27日,《中共中央关于加强党的政治建设的意见》正式公布,标志着党的政治建设进入全新的阶段。

2. 抓好政治建设的具体做法。对社区党组织来说,抓政治建设主要看以下几个方面的工作:是否坚决维护以习近平同志为核心的党中央,是否坚决维护中央的权威和统一领导,是否尊崇党章,是否坚持民主集中制。九水街道抓政治建设有三个特点。一是抓政治建设与党建活动结合起来。例如,宾川路等社区为了庆祝建党97周年,举办了以"不忘初心颂党恩"为主题的大型文艺会演活动,重温入党誓词是活动的第一篇章,社区党支部书记带领社区党员对党旗郑重宣誓。二是与解放思想活动结合起来。青岛市李沧区开展了解放思想大讨论活动。于家下河社区党支部于2018年10月28日开展了解放思想大讨论,支部书记带领与会党员重温了入党誓词,并集体学习了《中国共产党纪律处分条例》。通过学习,全体党员的政治意识、纪律意识都得到了提高。苏家社区邀请市委党校专家举办了解放思想、提升群众服务能力的专题讲座,受到大家的欢迎。三是与民主治理结合起来。通过党员民主生活会、党群议事会等多种形式,将党的路线、方针、政策落实到社区日常管理中,使群众看得见、摸得着。

(三)创建党建品牌

1. 党建品牌的内涵、特征及意义。品牌比较多地用于企业生产与营销活动,将品牌理念运用于党建活动就形成了党建品牌创建与展示。党建品牌的具体含义是"借用品牌管理理念和经营品牌的市场经济手段,创新党建工作"[①]。

2. 党建品牌特征。党建品牌建立在对企业品牌的借鉴基础之上,既有企业品牌的某些特点,同时又不同于企业品牌的意蕴和特质。从共性角度看,一方面党建品牌创建的规律与企业品牌类似,经历品牌定位、形成、拓展、增值这样一个过程,也有自己的Logo、含义、口号等形式化的内容;另一方面,党建品牌的主体是党的各级组织,特别是基层党组织。党组织是政治组织,这一点与企业有本质区别。党建品牌体现的是党组织的政治属性,不能完全用市场的价值理念来

---

① 施小明、袁媛、尚娅:《基层党建品牌建设科学化研究》,《上海党史与党建》,2012年第6期,第36页。

理解。比如,创建党建品牌的目标不是为了营销某种产品,也不是为了占领消费市场,而是扩大党组织的影响力、提升党组织的凝聚力和战斗力。另外,党建品牌不能用来交易,而企业的品牌则可以。党建品牌不能用值多少金钱来衡量,这是党建品牌的特殊性所在。

3. 打造党建品牌的意义。基层党建品牌化是基层党建的一项重要工作内容,也是基层党组织建设的重要载体。创建党建品牌,从内部来讲,有利于提升党员对组织的忠诚度、提高党组织的凝聚力;从外部来讲,有利于党组织获得更好的社会认同,"使品牌形象真正深入人心"①。

4. 打造品牌矩阵。九水街道非常重视党建品牌建设,打造"时代先锋、幸福九水"的党建品牌;同时,按照一社区一品牌的标准,要求每个社区结合自身实际,打造具有自身特色的社区党建品牌并建立 Logo,从而形成了党建品牌矩阵(图1)。

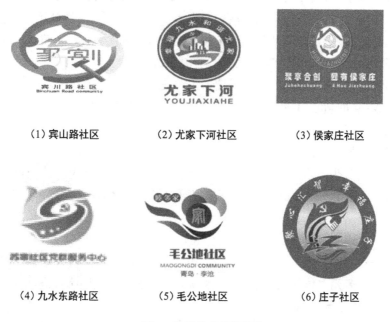

(1)宾山路社区　　　　(2)尤家下河社区　　　　(3)侯家庄社区

(4)九水东路社区　　　　(5)毛公地社区　　　　(6)庄子社区

图 1　社区党建品牌矩阵

以下是对部分党建品牌的释义与解读。

(1)宾川路社区:聚力宾川。

Logo 释义: Logo 设计组合元素的外圈是球场上运动员相互连接组成一圈

---

① 李三虎:《基层党建品牌战略:身份政治与社会认同》,《探求》,2016 年第 6 期,第 17 页。

表示相互鼓励打气,使提高凝聚力的意思形象化,象征着在宾川路社区人心凝聚、共同协作。将党徽图形元素提炼融入其中,寓意党建引领惠民生,在社区党组织的领导下铸造幸福和谐社区。山川图形表现出绿水青山的优美居住环境,鲜艳明亮的色彩象征朝气蓬勃、丰富多彩的社区生活。图形标志寓意在党组织的领导下,各方力量凝心聚力,提高居民幸福感指数,打造和谐幸福的宾川路社区。

口号:共建共融,聚力宾川。

愿景:成为居民最信赖的幸福社区。

使命:凝心聚力,服务居民。

(2)尤家社区:和谐尤家。

Logo释义:标识正中间是小型村改居社区的城市形象,后面的图案代表充满生机的和谐景象,左边党建图案衬托起整个尤家下河社区"党建引领惠民生"的理念。标志展示了尤家下河社区小型村改居社区的面貌,让人感受到安心、舒心、放心的人性化关怀与幸福生活。图案整体凸显了尤家下河社区在党建引领下民生和谐安康。标志选用暖色调的橙黄色和红色为主色调。橙黄色代表生机、和谐、亲切,红色代表党建整个标志富有生机和活力。

口号:坚持从严治党,坚守责任担当。

愿景:党群同心,共建和谐尤家。

使命:365天,天天有服务,满意在社区。

(3)侯家庄社区:聚,享,合,创,四有侯家庄。

聚——凝聚人心。以党员为主体,动员社区居民、社会组织等全体参与,党员、居民、社区组织同心协力、凝心聚力,形成意识共同体,凸显"家"的意识。

享——共建共享。针对侯家庄社区发展经历和特色,在凝聚共识的基础上,注重社区多元主体参与社区建设,共创美好社区,共享发展成果。

合——和合与共。以青岛"上合"峰会的召开为契机,在社区党委领导下,加强与地区多元主体的沟通与互动,建立完善社区支持化网络体系,助推社区主体共命运、共担当、共发展。

创——创新发展。凝聚合力,致力创新。在社区党委的领导下,创新社区党建工作方式和内容,建立创新型发展型社区。

四有——心中有党、心中有民、心中有责、心中有戒。在九水街道党工委领导下,侯家庄社区党委贯彻落实"不忘初心、牢记使命"教育,以社区党支部为单位,有方法、有计划地开展党员学习活动,增强党员党性和觉悟,加强党建廉政教育,并以"主题党日＋"为平台,促进党群融合,做到"心中有党、心中有民、心中有责、心中有戒"。

(4)九水东路社区:党群议事,多元共治。

党群——扎根末梢。社区是居民在一定区域内的生活共同体,是居民生活、工作、交往的基本单元;而党群服务中心是社区居民交往、互动和生活的主要场所,只有发挥党员的模范带动作用,社区才能及时掌握楼院居民真实的生活需求,并根据居民需求提供精细化、专业化服务,实现社区供需匹配。

议事厅——参与自决。社区工作作为一种有计划的集体行动,必须重视居民参与。居民参与是社区工作的灵魂,是社区工作的重要目标,也是社区工作的基本方法。只有在党员的带动下实现居民的广泛参与,才能逐步培育居民的归属感、认同感和现代社区意识,才能逐步推进社区治理创新。

品牌理念。凝聚多方共识,促进共建共享。在社区党委领导下,整合社区服务资源,以社区党群议事厅为平台,定期组织多方洽谈会,达成共识,凝聚合力,形成跨界合作、优势互补;以党群议事厅为平台,通过沟通、交流与互动,制订和完善社区服务实施方案,监督方案落实情况,评估服务成效,增强党员对社区事务的参与感,提高社区居民自决水平,凸显社区自治;以共驻共建共享为原则,加强与社区服务资源的沟通与互动,逐步完善社区服务资源网络支持系统;以社区居民需求为导向,实现社区服务的供需匹配,提高社区服务的专业化、精细化水平,满足社区居民的多样化需求,助推幸福社区建设。

(5)毛公地社区:"毛公地睦邻家"。

"毛公地睦邻家"——毛公地作为拆迁社区,有着悠久的社区历史和邻里情怀。毛公地社区以党建工作为核心统领全局,以睦邻文化为切入点凝聚人心,将"邻里相亲,守望相助"的传统文化理念植入社区党建工作,充分发挥社区党员的邻里威望和影响力,将党建和自治有机结合,开创毛公地社区的共建、共治和共享的新局面。

Logo释义:上面是三种党建形式:社区党建、两新党建(新社会组织、新经济形式)、学校党建;下面是居民自组织,图案的寓意是大家向心而动,共同打造毛公地党建睦邻家的服务品牌。

口号:党建引领,和睦芳邻。

愿景:和居民一同打造和谐宜居的毛公地之家。

使命:党群连心,居民参与,和睦共建,温暖邻里。

(6)庄子社区:聚心汇智、幸福庄子。

标识含义：一面鲜红的党旗迎风飘扬，代表着充满活力的庄子社区党组织。两手相握形成了一个心的图案，代表着庄子社区党群携手并进、聚心汇智。字母ZZ代表着"庄子"名称缩写，更深层的含义是庄子社区在美丽乡村建设的浪潮中一石激起千层浪。外围环绕着"聚心汇智　幸福庄子"八个字，代表着以党组织为核心，努力打造出美丽和谐的幸福庄子。这种设计寓意着人民生活在青山绿水环抱中，象征着金山银山的幸福生活。

（四）开展区域化党建探索

2004年10月，中共中央组织部召开全国街道社区党的建设工作座谈会，首次提出了构建区域性大党建的工作要求。从此，各地就开始了区域化党建探索，推动党建工作迈入进入新阶段。

1. 区域化党建的内涵。目前学术界对区域化党建的内涵提出了五种主要观点，分别是区域整合说、转变整合说、规模效应说、社区党建发展说以及功能优化说，[1] 每一种观点都有其合理性。就实践探索过程及结果看，区域化党建就是打破原有的党建边界（如社区、街道、单位），将不同区域的党组织联合起来，共同推进党的建设的行为。区域化党建对于提升基层党组织建设水平具有重要意义，是社区党建工作在新形势下的创新与发展。

2. 区域化党建实践探索。青岛市李沧区九水街道高度重视区域化党建工作，将党建的着力点放在社区，强调在社区治理过程中要努力打造区域化党建新模式。为此，街道党工委研究出台了《关于建立区域化党建工作联席会议制度的通知》，详细规定了区域化党建工作会议的职责、组织管理与运行机制，如"联席会议原则上每季度召开一次，根据工作需要可随时召开，主要任务是传达学习中央和省、市、区委的部署和要求，交流推进区域化党建工作的有关情况，分析工作中存在的困难和问题，研究分工推进措施。每次会议须形成会议纪要"，"建立联席会议联络员经常性联系沟通机制，各成员单位可根据实际情况和工作特点向街道党工委建议会议的议题，合力推进城市基层党建工作"等。

3. 积极推进区域化党建探索。比如，侯家庄社区与延川路社区开展了区域共建风采展活动，参与本次活动的党员居民约有200人。本次活动分为共建服务展示、党员学习、风采展示以及节目评优表彰四个环节。活动开展前，社区利用多媒体对2018年社区各项工作成果以及共建服务活动进行了展示，增加了活动的仪式感。然后，在主持人的带领下，组织党员重温了入党誓词，认真学习贯

---

[1] 曹月柱：《区域化党建研究现状述评》，《上海党史与党建》，2012年第7期，第49页。

彻习近平总书记重要指示精神,广泛开展向黄群、宋月才、姜开斌同志为代表的抗灾救险英雄群体和王继才同志学习的活动。为此,社区党委向每位党员发放了学习材料,组织党员学习。接下来是最精彩的风采展示环节,腰鼓表演《好日子》、原创朗诵《青岛》、快板《扫黑除恶》、合唱《共筑中国梦》、三句半《攒社区》、舞蹈《大长今》等。丰富多彩的节目给社区居民带来了一场精神盛宴。节目表演结束后,在场的领导及嘉宾对节目打分评优,进行了优秀节目表彰。本次活动借助"主题党日+",通过区域共建风采展的形式,在为社区居民、文艺队伍提供展示舞台的同时,彰显了党建领导、多方协同的社区共建优势。这有利于进一步凝聚共识,形成社区合力,促进睦邻友好、幸福稳定的侯家庄社区建设。

二、以党建引领社区治理

(一)党建引领惠民生工程

1. 党建与民生。党建与民生涉及两个不同的范畴,二者存在较为明显的差别。这具体表现在以下几个方面。一是主体不同。党建的主体是党组织,民生的主体是居民群众。二是对象不同。党建的对象是党员和各级党组织,而民生主要指群众的就业、医疗、住房、教育等。三是任务不同。党建的根本任务是将党组织建成坚强有力的战斗堡垒,民生的主要任务是满足群众过上美好生活的愿望。四是着力点不同。党建的着力点主要体现在党的思想建设、组织建设、作风建设、廉政建设、纪律建设等方面,民生的着力点主要集中在群众关注的热点、难点问题如就业、居住、医疗、养老等。另外,党建与民生在本质上是一致的,二者作为一个统一体相互促进。一方面,中国共产党作为执政党,执政宗旨和目标就是为了中国人民过上美好生活,解决与群众利益密切相关的民生问题是其中的应有之义。另一方面,民生问题解决好了,有利于加强党和人民群众的血肉联系,进一步巩固党的执政地位。因此,围绕民生抓党建,通过党建促进民生问题的解决,成为新时代社区治理的重要内容和手段。

2. 目标与任务。青岛市李沧区九水街道根据上级要求,结合自身实际,明确了党建引领的目标与任务。一个目标:党建引领,提升社区治理水平。一个核心:加强党的全面领导。坚持一个宗旨:提高居民幸福感、满意度。围绕一个目标:分类推进实施,各社区实现党建出亮点、社区出特色、社区党组织全面过硬。突出七大版块,即开展凝聚九水、幸福九水、活力九水、和谐九水、美丽九水、平安九水、为民九水建设,实现九水街道综合实力、城市面貌、便民利民整体水平的提升。

3. 具体举措。实施的七大工程如下。

（1）"凝聚九水"建设工程。全面加强基层党建，使基层党组织的领导力、凝聚力进一步加强、党员带头引领作用进一步凸显，推动基层党建水平提升。一是开展"支部堡垒"建设。各社区要围绕增强党组织凝聚力和党员群众向心力这一目标，将抓手下移到每一个支部，实现"宣传引领在支部，担当表率在支部，党员管理在支部、便民行动在支部，志愿活动在支部"，全面打造过硬支部。加大对党员队伍的培训教育，以学懂弄通落实党的十九大精神和习近平新时代中国特色社会主义思想为核心，不断提高"三会一课"以及"主题党日"质量，进一步发挥党组织的战斗堡垒作用、党员队伍的先锋模范作用。二是开展"党员联户、区域联建"活动。各社区围绕经济、民生发展需求和突出问题，开展走访调研。加大与辖区内及周边单位、社区及社会组织等第三方的互联互动。建立健全社区联席会议制度，以党建为引领，整合各类资源，发挥多方优势，切实打通联系群众的"最后一公里"。三是实施"社区品牌"建设。各社区以区委六次党代会及2018 年工作要点为引领，把基层党建作为一项系统工程抓紧抓好，注重党建与经济、民生等工作的协同性，按照"因地制宜、因势利导、有步骤有次序推进"的原则，结合未来 3 年社区发展规划，提炼并打造社区品牌，围绕品牌建设开展各方面的工作，形成"党建为核心的一社区一特色"改革发展的生动局面。

（2）"幸福九水"建设工程。以提高社区治理水平为目标，突出"社区—社工—社会组织—物业"联动，促进社区治理结构的完善和模式的创新，推进城市社区和村改居社区融合发展，提升居民的幸福感和满意度。一是实施"幸福乐居"民生工程。已回迁的社区要加快房产证办理。坚持"统筹协调，积极推进"的原则，积极与房产等部门沟通，争取早日完成尤家、毛公地社区居民安置房房产证办理，适时启动郑庄社区房产证的办理工作。将要回迁的社区要提前制订回迁方案。于家下河、王家下河社区提前谋划，掌握居民动态，精细制订方案和工作流程，保证居民顺利回迁。未回迁的社区要加快推进区安置房建设。庄子、刘家下河社区要克服重大活动带来的影响，保证安置房建设质量并按期交付。二是实施"颐养宜生"养老工程。借助九水街道得天独厚的生态和环境优势，已回迁社区及城市社区要依托市民中心建设，将养老功能作为一项重要惠民举措予以高标准打造。发挥社区党员、志愿者的作用，探索通过购买服务的方式引入"第三方"专业团队，加强辖区内李沧区社会福利院等养老机构的合作，打造九水养老服务体系。三是开展"邻聚力，一家亲"融合互助项目。根据区域特点，促毛公地、尤家下河社区与城市社区宾川路结对，打造"友邻尤家""乐聚宾川""居民一家亲"三个子品牌,以基层党建为引领,推进四融(融心、融情、融力、融爱)服务。依托市民中心、党群服务中心,增加服务事项,扩大服务范围,创新服务形式,不断促进村改居社区向城市社区顺利过渡、居民文明程度不断提升。在延川路社区开展"新社区成长"工程,发挥社区社团、周边企业作用,不断完善基层组织服务功能,健全硬件设施,健全各项制度,提升服务群众水平,打造示范社区,通过"搭平台、强服务、建队伍"满足老、中、青、幼不同层次的居民需求。

（3）"活力九水"工程。加强群众文化、体育工作,不断满足居民精神文化诉求。各社区要打造文化特色队伍10支,规范化文化阵地5个,组织居民活动20场次、宣传报道20次。一是打造欢歌九水品牌。二是完成上级部门部署的文化体育活动。三是围绕社区便民服务品牌,自行组织各类文体活动。

（4）"和谐九水"工程。走信访积案化解之路,将"接访、下访、走访"结合起来,将维稳、化解、建立长效机制结合起来,突破制约辖区经济社会发展的难点,营造九水和谐稳定的良好氛围。一是开展"信访稳控攻坚年"活动。二是开展"舆情和应急处置提升年"工程,针对市、区、街道重大活动带来的舆情和应急处置压力,提升街道、社区党员干部的舆情引导水平和应急处置水平。

（5）"美丽九水"工程。按照全国文明城市的创建标准,优化城区面貌,美化辖区环境,打击违法行为,保持整改效果,保护青山绿水。具体任务是,以"美丽青岛"建设为抓手,推进美丽九水建设。一是强化精细管理,持续加大环境综合整治力度。针对违法建筑、渣土堆等,加大处置力度,实现新增违建零增长。积极推行街长制,把管理责任落实到最后一米、最后一人。二是健全城管联席会议制度,协调城管执法、房产管理、建管、规划、城管办、爱卫会、物业办、市场监督所、派出所等相关职能部门,每季召开联席会议,提升联动工作机制效力。对去年"美丽青岛"活动督导问题进行"回头看",防止问题反弹。积极开展创建文明城市活动,提升辖区整体形象。

（6）"平安九水"工程。结合街道实际,在社会治安、生产安全、山林安全、食品安全等方面齐抓共管,建立"平安九水"联席会议长效机制,维护辖区的长治久安。一是实施"天眼"全覆盖工程。各社区对小区内监控情况摸清底数,争取监控覆盖"零遗漏"。二是开展"安全进社区"活动。三是实施综合治理网格化管理。各社区根据小区、企业、网点等细化网格,统筹综治、消防、安全生产等各项职责,多元合一,每个网格实现"定人、定岗、定责任、定范围",织密辖区安全网,使其切实成为辖区居民的守护者。

（7）"为民九水"工程（表6）。以"治官治吏、便民利民"专项行动为指导,以解决居民反映较为集中的问题为导向,以居民满意为目标,着力破除"形式主义""官僚主义",持之以恒纠"四风",不断实施便民利民举措,引导广大干部提高办事效率和诚信度,做"忠诚、干净、担当、表率"的合格干部。一是开展"窗口整顿行动",整顿办公环境。便民大厅及各科室是便民服务的窗口,各窗口要做到办公环境整洁,桌面上不放与工作无关的物品,每天对办公环境进行清理。提升服务水平。接待居民时态度热情,工作流程顺畅。以让居民"少跑一次腿"为目标,扩大帮办服务事项。二是启动"制度建设"。健全学习制度。街道层面,党员学习由各党小组组长负责,其他干部、职工学习由科室长负责、政工科统筹督导。社区层面,制订社区"两委"、党员、居民代表定期学习制度和学习计划,由街道纪工委、政工科负责制度落实并进行督导。严格上下班及值班制度。完善联系社区制度。联系社区分管领导和科室负责人,结合"大学习、大调研、大改进、大督促"活动,沉到一线,搞好调查研究。基层党建工作围绕信访事项、社区治理,帮助社区破解难题、提升水平、打造亮点。党员干部要落实双重组织生活制度,加强社区党建的指导力度,落实情况并由纪工委牵头督导。严格落实"三重一大"议事制度。按照党工委议事制度,分别做好党工委会议记录和党政联席会议记录,对重大的人、事、物、资等事项坚持会议研究,纪工委和相关科室要督导到位。

表6 2018年九水街道"党建引领惠民生"服务项目活动汇总表

序号	活动类型	场/人(次)	社工人次	志愿者人次	参与/服务(人)	备注
1	主题党日	7	3	10	200	
2	社区营造	6	3	10	500	
3	民主协商	3	1	5	100	
4	便民服务	4	2	2	30	
5	文明教育	5	1	2	100	
6	康乐活动	6	2	10	500	
7	少儿之家	3	2	7	20	
8	平安行动	2	1	2	50	
9	环境整治	1	1	2	30	
10	其他活动					
合计		37	16	50	1530	

(二)以基层党建为引领,推进"四融"(融心、融情、融力、融爱)服务

1. 融心。就是通过党组织的有效工作,使广大党员统一思想认识,自觉遵守党的路线、方针、政策,增强党员的责任感和使命感。融心工程的另一个含义是党组织引领社区治理,增强社区群众对党组织的信任,使社区群众一心向党、坚决跟党走、听党指挥。融心工程针对党员和群众采取不同的策略。对党员,主要通过"三会一课"、谈话、谈心、党员民主评议、开展党性主题日、理论学习与培训活动等方式进行,着力提高党员的党性觉悟和思想认识水平。对社区群众,主要通过发挥党组织的战斗堡垒作用和党员先锋模范作用影响群众。比如,在社区环境保护、秩序治理、突发事件处置等活动中,组织党员冲在第一线,以自身的行为感化群众,增强群众对党组织和党员的认同感。

2. 融情。无论是党员还是普通社区居民都有自己的情感追求。满足多样化的情感需求是党组织发挥引领作用的重要内容之一。为此,青岛市李沧区九水街道开展了形式多样、内容丰富的融情工程,主要包括:节假日开展的送温暖工程,到老党员、困难群众家中定期走访、慰问;帮助个别党员和群众解决生活中遇到的如就业、就医等难题;为高龄老人发放补贴;为幼儿园的孩子报销入园费用;为社区居民定期发放菜金;对考上大学的家庭给予奖励,等等。

3. 融力。社区是我家,治理靠大家。所谓的融力,就是通过适当的方式,发挥社区党员、群众以及其他主体参与社区治理的积极性,有钱出钱,有力出力,共同为社区发展做贡献。九水街道开展的区域化党建、构建社区民主协商平台、政府购买社会服务工作以及依法开展的居民会议、居民代表会议等活动,都属于融力工程,目的在于让居民劲往一处使、力往一处用,共同助推社区治理转型升级。

4. 融爱。所谓融爱就是打造爱心工程,将党组织的关心爱护送达党员、群众身边。比如,街道社区开展的对残疾人等特殊人群的慈善救助、社会组织开展的公益服务活动、志愿服务队伍开展的便民义诊等。九水街道庄子社区居民王臻,是一名中共党员,作为城市综合行政执法局浮山路中队协勤员,在工作之余加入了"青岛好司机"公益组织,成为救援队中的一员,帮助在路上遇到问题的司机排忧解难。加入救援队以来,王臻总共帮助解决了90多起驾驶员半路突发状况,连续两年获得了组织内评选的年度救援冠军。再如,宾川路社区的王永康,因为手术后遗症导致偏瘫,生活无法自理。宾川路社区党组织为他免费送轮椅,请师傅上门按摩帮助康复。同时,社区为他办理了二级残疾证,王永康每月可以得到130元补贴。王永康非常感动地说:"是社区温暖周到的服务带给了我新生。"

三、值得探讨的几个问题

党建引领社区治理创新是一个新课题,对社区治理中党的领导如何体现、实现党的领导的路径有哪些等问题需要在实践中进行探索与回答。

(一)党组织在社区治理中的功能

1. 全新的挑战。中国共产党是执政党,执政党的地位要求社区治理必须在党的领导下进行,无论是我国的宪法还是其他法律法规对此都有明确的原则性要求。党的领导应该是全面的领导,应该覆盖社区治理的全部领域和全部过程,这是新时代党领导社区治理的总要求。长期以来,我们虽然也提党的领导,但从来没有像今天这样突出并着力强调。这表明进入新时代后,社区治理的形势与任务发生了重大变化,全面加强党的领导是应对新时代挑战的需要。

2. 独特功能。关于党组织在社区治理中的功能,学术界进行了比较深入的研究,提出了很多有价值的观点。有的学者将社区党建的功能分为政治功能和服务功能,有的学者将社区党建的功能归纳为政治领导功能、利益协调功能、服务凝聚功能和文化导向功能,有的学者提出社区党组织的功能具体表现为政治领导功能、民主保障功能、社会协调功能、民生服务功能、文化导向功能五个方面。[1]尽管看法不同,但他们对党组织在社区治理中的具体作用都做了细化分析,为我们深刻领会和理解党建引领社区治理提供了借鉴。实际上,党建引领社区治理的根本前提在于党组织是社区治理的核心,发挥着核心领导作用。这是探讨党组织在社区治理中具体功能的前提;[2]换而言之,其他功能都是从属于这一功能或是这一功能的延伸。

(二)党建引领社区治理的基本路径

党建引领社区治理是通过多种路径实现的。一是政治引领。要保证党的路线、方针、政策落实到位。二是组织引领。按照中央文件要求,在街道党工委领导下,党组织要实现对社区的全覆盖;除了社区党组织外,社区内的社会力量也要建立党组织,只要党员在3人以上就应建党支部,达不到3人的可以采取联建等形式建立党支部。三是制度引领。通过党的制度建设引领和推动社区不断健

---

① 张艳国、李非:《"党建+"在城市社区治理中的独特功能和实现形式》,《江汉论坛》,2018年12月期,第125-131页。

② 武汉市委出台《武汉市社区党组织领导社区治理若干规定(试行)》,将党的领导分为以下几个方面:一是加强社区党组织建设,二是领导社区自治,三是领导社区法治建设,四是领导社区德治建设,五是组织社区服务。

全各项制度,以制度管人、管事。四是价值引领。努力塑造社区精神是培育和践行社会主义核心价值观的重要基石,也是增强居民的社区认同感、归属感、责任感和荣誉的必由之路。五是服务引领。建设服务平台,完善服务载体,简化服务流程,提升服务标准,满足居民的服务需求。六是智慧引领。引入 APP、微信、微博等,打造"智慧党建""智慧社区",以信息革命助推社区治理创新。

第六章 >>

协同治理

社会协同是构建社区治理体系的重要内容和基本要求。社会组织作为社会力量的代表,通过提供专业化服务协助党委、政府开展社区治理是我国社区治理的发展方向。青岛市李沧区九水街道引入了 5 家社会组织和 1 家社会智库,这些社会组织和社会智库在街道党工委的领导下,积极参与社区治理,形成了社区、社工、社会组织、社会智库"四社联动"的治理新格局,极大地提升了社区治理的水平和绩效。

一、社会协同的依据与内涵

近年来,随着协同治理理论的发展,基层社会治理中社会协同的重要性日益突出,社会协同的体制机制建设不断完善,社会协同的方式也不断丰富和多样化,社区治理成效不断显现。社区是社会的基础性单元,社区治理中的协同既有协同的一般性特征,也有自身的特殊性,是二者的有机结合。就一般性特征而言,协同行为的发生必须具备几个基本条件。一是主体多元性。协同发生在不同利益主体之间,由于主体多元而且地位和作用不同,进而产生了协同的必要性。这是协同行为产生和存在的基本前提。随着我国市场经济的深入发展,社会分化的结果就是利益主体多元化,这是一个不以人的意志为转移的客观规律,是社会进步的重要标志之一。二是价值取向的一致性。每个主体的利益诉求不一样,但总体目标是一致的,这是协同行为产生的一个重要原因。如果主体之间的根本利益存在差异性,协同的行为就不会发生;即使发生也是同床异梦,很难产生强大的合力。三是相互认同与信任。"协同治理建立在社区认同和信任关系基础之上,承认社区各主体之间的依存互动关系,并能够理解或帮助其他主体实现其利益和价值。这种互动关系既应包括规则制度等正式关系,也应包括行为准则、共同惯例等非正式关系,最终有助于形成具有有机联系、能够互助互信、具有社区认同和集体行动能力的生活共同体。"[①]

就特殊性而言,社区治理中的社会协同是协同中的一种特殊情况。第一,它发生在社区这样一个特定的地理与社会范畴内,是基层社会围绕治理而发生的。第二,主体之间形成纵横交错的互动关系。从纵向上看,区、街道、社区之间形成互动链条,既有因科层制而衍生的相互节制关系,也有因自治因素存在而形成的政府治理与社区自治之间的良性互动。从横向上看,社区两委、物业公司、业主委员会、社区社会组织、居民等各个主体之间,围绕社区治理形成复杂的网络关系和结构,获取利益成为它们之间不可或缺的连接纽带。

由此,我们可以准确地理解社区治理协同的内涵。社区治理协同是一种社区内的各个利益主体为了共同目标而进行相互配合、相互支持的行为和过程。在这个过程中,各个利益主体的实际地位和作用存在着一定的差别。党组织起领导核心作用,发挥着政治引领、组织引领、能力引领的作用。政府具体负责社区治理事务,比如制度确立、规则制度、财政投入、人力资源供给、信息技术提供等具体工作。社会力量通过提供服务、反映诉求、化解矛盾等方式参与社区治理,协助党委和政府做好社区服务工作。广大居民通过积极参与社区活动,影响社区治理绩效。显然,社会协同功能是在承认或者充分肯定党委、政府的主导作用这个基本前提下发生的;相对而言,社会力量起着辅助作用,总体而言是配角而不是主角。有的学者提出在社区治理中,社会力量与党委政府具有平等的关系,不存在领导或者隶属关系,这种认识是不准确、不全面的。社会力量只是在某些特定领域与其他主体之间存在平等关系,在总格局中并不是这样的,现实情况也是如此。当然,随着社会力量的进一步发展与不断成熟,社会力量在治理中发挥的作用一定会越来越大,这是不言而喻的。但无论如何,在当代中国的社会治理中,社会力量是无法替代党和政府的;以社会力量替代党和政府,不仅在理论上行不通,在实践中也难以做到。

二、社会协同治理的运行机理

社会协同是如何发生的,其运行机理是什么,这些问题是研究社会协同必须要面对的课题。研究社会协同发生的过程就是研究社会协同建构的过程。从建构的视角看,满足居民的多样化需求成为社区治理的目标,而政府作用失灵使

[①] 陈世香、黄冬季:《协同治理:我国城市社区公共文化服务供给机制创新的个案研究》,《南通大学学报》(社会科学版),2018 年第 5 期,第 122 页。

社会协同有了必要。政府能力有限,政府的供给无论在数量还是在质量上都难以满足居民的需求,这就为社会力量发挥作用提供了空间和舞台。在党委和政府的领导和主导下,社会力量发挥服务供给功能,并接受居民等多方面的绩效评价,成为社区协同的基本内容和活动过程。其具体的运行过程可以表述如下:分析居民需求➡确定目标和任务➡明确供给方式➡开展服务供给活动➡活动绩效评估。这些运行过程形成一个闭环系统。理解这个系统,需要把握三个关键。一是服从党委和政府领导。社会力量参与协同治理是在党委和政府领导下进行的,是为了帮助党委和政府更好地满足社区居民需求,提供高质量的服务。二是以服务为主。非基本公共服务是社会力量发挥作用的关键领域,如老年人的照顾、青少年教育培训、开展社区文体活动等;其他活动如参与社区民主协商等,也是社会力量参与社区治理的重要内容,但就其活动的方式和内容看,服务无疑是主要的。三是通过项目制方式提供服务。项目制是社会力量参与社区治理的重要形式。目前,政府购买服务或者公益创投等都是按照项目制管理要求进行的。这一点在前文中已有详述。

三、社会协同的具体方式

1. 提供服务。社区服务分为两个方面:基本公共服务和非基本公共服务。前者主要是政务服务,由政府解决,比如各种证照、证明的办理,这类服务与行政权力密切相关。社区主要是代办,因为社区作为自治组织没有行政权力。除此之外,大量事务属于非基本公共服务。这些服务数量十分庞大,完全靠政府提供行不通,政府没有那么多时间和资源提供这类服务,必须依靠社会力量解决。正因为如此,国务院才发布了政府向社会力量购买服务的意见,山东省、青岛市都颁布了类似的决定,并出台了购买服务目录。九水街道在李沧立信社会管理咨询中心的帮助下,从全市引进了 5 个适合于九水街道社区发展的社会组织。这些社会组织与街道社区对接,开发了 10 个公益项目,项目涵盖社区党建、社区营造、养老服务、文化活动、手工制作、健康养生、信息普及、社工培训等多个领域,成效显著。

李沧区贝衫社区服务中心走进苏家社区后,通过组织"粽香话端午""共叙一家情""兴趣拓展班""主题党日""纳凉晚会"等活动,提高了社区凝聚力、居民参与率,改变了社区过去"无活动人员、无活动队伍、无活动项目"的"三无"现象。

仁心服务社通过政府购买服务参与了庄子社区的治理。作为旧村改造中的村改居社区,庄子社区回迁安置用房处于建设之中。社区两委刚刚换届,居民居住相对分散。在街道办事处党建引领惠民生的宗旨指引下,仁心服务社积极参与社区治理,创新参与方式,破解庄子社区面临的活动开展难这一问题。一是建立了社区微信公众号开通线上宣传,广泛发动身边的亲朋好友寻找与新闻媒体工作有关的从业者,成立由社工宫乐安、逄雷、李虹组成的宣传组,逐一登门拜访沟通。虽然工作辛苦,但社工们不怕苦、不怕累,开创了媒体宣传从无到有、从弱到强的良好开端,所有活动实现了从一事一报到一事多报的目标,提高了社区居民参与活动的知晓度、认知度、参与度,增强了社区居民的向心力,受到了社区两委及居民的广泛认可和好评。二是充分利用媒体宣传这个阵地,从不同角度、不同侧面报道活动的亮点和成果,让社区居民增强了荣誉感和幸福感。《大众日报》详细报道了九水街道庄子社区与即墨区通济街道下泊社区结对共享美丽乡村建设的经验。《齐鲁晚报》报道了九水街道庄子社区"全民运动,乐享生活"首届趣味运动以及少儿国学讲堂之"诗词美文鉴赏"等活动。主流媒体的宣传报道极大地激发了庄子社区广大党员居民参与社区各项活动的热情和积极性,提升了社区的知名度和居民的知晓度。

立德社会服务中心社工以端午、"七一"党的生日等重要节庆日为契机,运用社区动员技术,组织开展"浓情粽意话端午,党群融情展未来"端午节主题活动、"崇德尚礼,幸福社区"月饼DIY迎中秋活动、"纵观发展历史,引领时代先锋"主题党日参观周浩然文化园活动、"不忘初心跟党走,共点科技文明灯"主题党日动活参观院士港活动等,以活动促融合,以专业促提升,深化了立德社工与社区的合作深度,促进了立德社工与社区居民良好关系的建立,通过居民喜闻乐见的活动形式共计吸引了800余名社区居民参与其中。

尤家下河社区积极弘扬爱老敬老传统美德,营造邻里相亲、和谐文明的社区氛围。2018年10月19日,尤家下河社区联合青岛市12349公共服务中心开展了以"和谐尤家,喜乐重阳"为主题的趣味运动会。整场运动会共设置了地滚球、垒球投准、套圈、夹弹珠、跳绳等5个比赛项目,居民们热情很高,积极参与到每个项目中,整个比赛过程既紧张激烈又趣味横生,广场上一片欢声笑语。本次趣味运动会加强了居民之间的交流,激发了居民参与和谐社区创建的热情,充分展示了尤家下河社区充满活力的精神风采。大家在欢乐的氛围中既锻炼了身体,又促进了邻里关系,真正形成了"和谐社区一家亲"的良好氛围。

咏年楼联合毛公地社区与宾川社区共同组织开展了以"乐享运动,活力重阳——让老年生活更年轻"为主题的秋季趣味运动会,受到居民的欢迎。2018年10月18日上午9点,运动会正式开始,首先由毛公地社区的刘公政主任致辞,之后各项比赛拉开序幕。运动会充分考虑到老年人的身体特点,设有个人赛:套圈、跳绳、转呼啦圈、拍篮球、踢毽子以及团体赛:摸石头过河。本次运动会本着"友谊第一,比赛第二"的原则有序地进行,运动员们全程投入紧张又激烈的比赛中,在赛场上充分展现了自己的风采。赛场上加油声、喝彩声、欢笑声不断,大家玩得不亦乐乎。团体赛更是赛出了风采、赛出了友谊。所有的比赛结束后,由毛公地社区刘公政主任、杨悦芹主任和宾川路社区丛少程书记、卫艳主任为获奖选手颁奖。比赛圆满落下帷幕,每个人的脸上都洋溢着幸福的笑容。本次活动不仅弘扬了尊老敬老爱老的优良传统、丰富了社区老年人的文化生活,还通过社区之间联合活动促进了社区和谐、资源共享,以及原村民与新市民之间的融合,有力地推动了社区治理新模式的构建。

显然,社会组织提供的各类服务不仅能为政府排忧解难,而且针对社区居民的服务需求,可操作性强,社会反响好,居民满意度高,能起到"四两拨千斤"的作用。

2. 积极参与社区民主协商。民主协商是社会力量参与社区治理的重要形式之一。有事多协商、遇事多协商、做事多协商是新时代社区治理的内在要求。《中共中央关于加强社会主义协商民主建设的意见》明确指出:"城乡社区协商是基层群众自治的生动实践,是社会主义协商民主建设的重要组成部分和有效实现形式。"九水街道重视社区协商,根据上级要求,出台了落实文件,规范了社区协商主体、内容及具体形式,并制定了社区协商的指导目录,为推进社区协商科学化、制度化奠定了良好基础。各个社会组织作为协商主体,根据社区发展需要,积极参与社区协商活动。比如,在居民公约的修订过程中,有的社会组织在社区党组织领导下,积极调研,协助起草居民公约草案;有的社会组织参与居民恳谈会,建言献策;有的社会组织在开展社区文化活动中,运用会议协商确定文化活动主题、内容,与利益相关者达成广泛共识,为开展丰富多彩的社区文化活动创造了必要条件。12349 公共服务中心与宾川路社区两委协商,共同打造以讲、评、帮、乐、庆为主要内容的文明实验站;咏年楼服务中心与王家下河社区两委合作,积极推进社区环保工程项目,通过家庭厨房废物变积液、以积液积分换蔬菜等方式,调动社区居民参与生态社区建设。

3. 引入社会智库。现代社区治理是一个系统工程,面临着很多挑战。为了解决好这个问题,九水街道引进李沧区立信社会管理咨询中心(以下简称"立信")作为专业智库,参与到社区共建共治工作中来。"立信"是由中国海洋大学、青岛大学、青岛市委党校等多位知名专家共同发起成立的、具有独立法人资质的支持型社会服务机构,主要致力于社会治理的策划、咨询、评估、培训等工作。"立信"自2013年成立以来,承接了数十个基层社区治理与服务的咨询评估服务项目,其打造的李沧区"提升市民中心功能'五个三'的社会组织发展模式"被当年民政部以"参阅件"形式转发,并受到民政部领导的肯定;另外,"立信"还培育打造了"老年相亲""呵护花开""温情绽放"等多个在全国很有影响的公益品牌项目。"立信"与九水街道合作的近3个月时间里,共组织10余位专家参与、召开项目评审、培训、调度会5次,"一对一"的调研、策划、指导20余次,撰写调研报告、项目策划书、理论研究文章等多篇,极大提升了社会组织公益项目的运作能力和水平。

4. 充分发挥社区和社会组织的联动互补作用。社区是一个地域性社会生活共同体,有平台,有资源,有需求,但又人力不足且缺乏专业性人才。社会组织以其特有的专业性、群众性、公益性见长,是社区治理服务的好帮手。社区和社会组织有机结合,恰恰可以起到资源共享、优势互补的作用。过去,九水街道11个社区,只有刘家下河社区有3个社会组织,其他10个社区均没有社会组织。为了尽快拓展社会组织队伍,九水街道除了引入比较成熟的社会组织之外,还非常注意打造本地化的草根型社会组织,明确提出到2020年每个社区培育的社会组织不少于5个的目标。在社区社会组织培育过程中,街道党委发挥核心领导作用,统筹规划,统一指导;参与服务项目的社会组织积极协助社区,有计划地推进各项工作,有效地整合了社区资源,拓展了社区服务范围,进一步提高了社区服务质量。

四、案例

打造社区党群议事厅,助推和谐社区建设
——九水街道九水东路社区协商民主案例

九水东路社区辖属于九水街道,由A区、B区和老区三部分组成。其中,B区与附近映月公馆相邻,仅一街相隔;按照最初规划,双方之间是一个商业街,方便社区居民的日常生活,但是由于地理位置、招商租铺等各种原因,建设商业街被耽搁了下来,最终成为社区居民出入小区和散步的地方。近年来,由于居民生活水平的提升,社区停车位数量有限,于是原先的商业街逐渐成为周边社区停车场,车辆乱停乱放给B区居民生活带来极大不便,也给社区安全带来了隐患。

九水东路社区居委会在了解这个困扰居民生活的社区问题后,在社区党委的领导下,引进立德社工,发挥专业社会组织优势,对社区居民需求和意见进行了摸排调研,了解和掌握了居民的想法。在此基础上,九水东路社区与立德社工形

成合力,充分发挥社区公共空间资源,打造社区党群议事厅,并结合社区实际情况完善了社区议题搜集机制、民主协商机制、议题落实机制和成效反馈机制,保障了社区协商议事的多元性、规范性和有效性,并组织社区物业、辖区城管、党员代表、居民骨干等主体召开了社区专项协商讨论会,在合理划分停车位、封锁小区北门、加强社区倡导三方面达成了共识,制订了可行的实施方案,有效解决了困扰居民生活多年的难题。

同时,九水东路社区不断完善党群议事厅建设,充分发挥社区党员代表、居民骨干的引领和带动作用,使精神文化建设、社区环境整治、队伍培育赋能、为民服务等社区工作成为社区党群议事厅一月一议的重要内容,为社区居民参与协商、决策和监督营造了良好的社区协商氛围,凸显了社区的自我管理、自我服务和自我教育功能。

在此基础上,九水东路社区以党群议事厅为平台,在党建引领下充分发挥立德社工的资源整合优势,加强与驻社区单位的沟通与协作,成立社区共建议事会,秉承"区域统筹、资源整合、优势互补、共建共享"原则逐步完善社区网络化支持系统,实现社区需求和社区资源的无缝衔接,为社区居民提供精细化、精准化和专业化服务,探索并打造党建引领下的社区治理新模式。

(一)制定党群议事厅章程,使社区协商有规可循

党群议事厅章程是社区议事厅有效运转的制度保障。立德社会工作服务中心在九水东路党支部领导下,制定了党群议事厅章程,章程共 12 条。

第一条:为实现社区层面集民需、汇民智、解民忧,探索基层协商民主,完善居民自治,依据《中华人民共和国城市居民委员会组织法》,结合社区实际,成立社区议事厅。

第二条:议事厅成员包括常驻议事代表与利益相关方议事代表。

第三条:常驻议事代表为本社区居民,由社区党委、社区居委会、社区居民推荐,积极分子自荐的方式产生,向本社区居民公示,征求居民意见进行调整后确定最终人选。

第四条:利益相关方议事代表为与议题利益相关的居民,社区的产权单位,物业公司,能够参与社区建设与管理的其他受影响的社会单位、社会组织等。代表人员随议题变更。

第五条:全体议事代表有按时参加议事会和遵守居民公约的义务。

第六条:常驻议事代表有收集反映居民意见与建议、提供议案、表决议案、履行决议分工等职责。

第七条：常驻议事代表除第八条的职责外，还应负责议事厅的会前筹备、会议时间与会议要求、会议主持、联系利益相关方等工作。

第八条：利益相关方议事代表仅在与自己利益相关的事项上有等同于常驻议事代表的职责。

第九条：议事厅开会前，应告知参会议事代表会议主题，议事代表应事先做好准备。

第十条：议事厅会议应保持积极、有序的会议气氛，遵循议事规则。

第十一条：议事厅会后应由议事代表向居民反馈会议决议，并落实议案。

第十二条：主持人应避免一言堂，提振会场气氛，确保会议按主题推进。议事代表发言应不跑题，不发牢骚，不随意打断他人发言，语言要简要，态度要明确。

（二）明确社区民主协商分步走的策略

基于社区协商议事经验，将社区协商分为街道、社区和居民三个层面，制定差异化的推进策略。

1. 街道层面。

（1）搭建支持网络。一是建立社区民主协商支持网络与多方联动机制。包片领导、相关科室、社区领导、物业公司等各利益相关方参与到社区民主协商中，形成支持网络；通过社区整合资源，形成各方的稳定联系、有了问题马上联动的快速响应机制。二是设立协商议题落实的资金支持机制，将慰问金、社区公益金、党员服务社区经费整合为社区民主协商建设专项经费，以楼院为单位进行预算和使用，同时积极整合社会单位的资源，使社区民主协商建设获得资金支持。

（2）培育协商能力。一是形成社区民主协商的议事协调机制。社区党群议事厅成为推动社区建设的主导力量，各利益相关方在社区党群议事厅的平台上提出需求、商讨方案、制订行动计划、沟通行动效果，最终解决问题或满足需求。二是不断提升社区议事代表的能力。以党员、楼道长、居民代表等各类骨干为基础选拔常任议事代表，通过培训、实战使他们的社区动员能力、议题搜集能力、分歧化解能力、理性表达能力、依法依规能力不断得到提升。三是激发和强化社区居民的民主参与意识。以案例传播、社区教育等形式，不断传播社区共同体理念，让更多的居民树立主人翁意识，积极参与社区事务的解决过程。四是明确和规范社区议事协商规则。依照法律、法规和社会主义核心价值观，制定议事厅议事规则，让议事厅的运行有规矩、有方法、有效果。五是形成社区舆情搜集机制。把居民的需求、不满及楼院内发生的事件作为社区舆情，经由社区议事代表、居民代表等及时搜集上来,在社区党委的领导和社区居委会的指导下形成有显著议题、科学处置。

(3)营造协商氛围。一是充分发挥专业社会组织的作用。发挥社会组织专业协同的作用,在议事协调、多方联动、舆情搜集引导、意识宣传等方面与社区一道开展工作。二是大力推动社区协商文化建设。宣传社会主义核心价值观,宣扬身边好人好事,宣传民主参与精神,根据社区居民需求特点和意愿形成有显著特色的社区文化,并以此推动议事协商、促进社区和谐。

2. 社区层面。① 摸清社区底数。通过走访调研,摸清居民的实际需求。② 培育协商带头人。发现居民中的热心人,培育其成为居民骨干,通过搭建支持平台使其充分发挥协商带头人作用。③ 找准行动突破口。根据难易程度和社区特色,选择合适议题,理清议题解决的流程和方法,保证社区自治行动的顺利开展。④ 居民自发行动。在各方协作下,以居民为主体开展自治行动。⑤ 提供相关支持。理清行动所需支持要素,及时把握动态,联络相关方寻求支持。⑥ 建立信任关系。不断融合各利益相关方,使他们彼此熟悉、有共识、有情谊,形成相互尊重、相互信任的局面。⑦ 巩固自治成果。探索合理的激励机制或经营模式,实现可持续发展,巩固社区居民的自治成果。

3. 居民层面。在较好的支持条件和协商带头人的带动下,社区居民可以逐步实现以下愿景。① 参与和希望。持续的民主协商带来楼院点滴改变,居民们看到希望。经过宣传动员,越来越多居民参与活动,彼此建立情感联系、结下邻里情。② 成事和信心。通过协商干成几件力所能及的事。在这个过程中,居民感受到变化、得到了快乐,会逐步认同协商,树立对社区民主协商的信心。③ 成效和分享。协商力量的增强带来更多成效,社区形成正能量氛围,越来越多的居民从参与者变为自觉的行动者,并分享经验、传递正能量,带动更多人参与社区活动。

(三)明确社区民主协商评估标准

1. 居民。社区居民是否具有相近的文化背景,相似的利益与诉求?居民是否有协商意识?居民是否有协商行动?居民中是否有少数具备一定影响力、工作能力的协商带头人?居民是否与物业单位有较好的关系?居民对街道、社区当前的工作是否比较满意?

2. 社区。社区是否对民主协商的理念有一定认识?社区(或楼院)服务设施当前是否完备,运行是否良好,使用率是否高?社区(或楼院)焦点问题(如环境、安全)当前是否有所改善或在积极解决过程中?社区是否开展对民主协商的宣传？社区是否能为居民协商行动提供一定支持？

3. 物业单位(或产权单位)。物业单位(或产权单位)是否与社区、居民建立了一定的互动关系？物业单位(或产权单位)是否有意愿为居民提供服务？物业单位(或产权单位)是否在为居民提供一定的服务？

4. 党组织。党组织是否对居民协商的理念有正确认识？党组织是否愿意作为社区民主协商的先锋？党员骨干是否具有全心全意为人民服务的精神？党组织的工作是否得到居民的认可？

(四)细化社区协商议事机制与规则

1. 社区民主协商议事规则与机制的设立原则。社区民主协商规则与机制的设立依据"四可"原则：可读性、可操作、可持续、可共识，即简单易行、长期发展、多方联动。

2. 社区党群议事厅组织机构。议事厅由 30 名左右议事代表组成(根据社区实际情况而定)。设议事长 1 名，由党员担任；1～2 名社区居民任副议事长；议事员若干。议事厅议事成员每届任期 3 年，连选可以连任。

3. 议事代表的产生。议事代表以社区党员代表和居民骨干自荐、社区党委和居委会推荐、居民他荐三种方式产生。协商议题涉及相关利益方，如单位、公司、社会组织等。

4. 议事代表的权利与义务。遵守国家法律法规与楼院议事会相关规定。按时参加楼院议事会。收集、反馈居民意见与建议。具有提议、附议、表决的权利，听从议事长分工安排并执行相关任务等。

5. 议题选择与处理。社区议事厅根据合理化程度、轻重缓急度、居民参与度、解决时机等要素，对问题与需求进行梳理与分类，制定议题清单。议题可分为三类。一类议题：需要组织与动员社区居民自管自治，通过规范行为、志愿服务等措施可予以倡导或解决的问题。二类议题：需要通过社区党委、社区居委会及相关单位共商共治、整合资源予以处理或解决的问题。三类议题：需要通过街道办事处或职能部门出面干预而予以处理或解决的问题。一类议题由社区党群议事厅商定、自主推动，社区报备；二类议题由社区党群议事厅讨论，报社区居委会解决；三类议题由社区党群议事厅与社区居委会共同讨论，报街道办事处解决，双方协力推动。

6. 社区议事规则。提前通知，做好准备；讨论充分，触实质；不发牢骚，正能量；按顺序发言，不打岔；言语简要，守时间；一事一议，不跑题；献策献力，知无不言；快乐议事，寻求共识。

第七章 ≫

服务导向

维护社区居民的根本利益,满足居民的多元化服务需求,使社区广大居民过上美好生活,是社区治理的根本目标。进入新时代,社区居民对服务的需求出现了新的变化、呈现出新的特点,社区服务必须有更高的标准、更高的目标定位。李沧区九水街道以服务民生为导向,积极探索为居民服务的新方式,力图做到服务精细化、标准化、规范化,解决服务群众的"最后一公里"问题,实现群众零跑腿。①

一、社区居民服务需求

了解社区居民的需求是搞好社区服务的第一步,也是前提条件。为此,开展服务项目的各个社会组织深入社区,采取问卷调查、访谈等多种方式,对社区居民开展服务需求调查,获得了第一手资料,为服务项目设计和服务精准化实施奠定了良好基础。

(一)九水东路社区服务需求调查

2018 年 4 月 15 日,立德社会工作服务中心深入九水东路社区,入户走访及随机街访 82 人,通过对入户走访和随机街坊的实际情况进行梳理和数据统计,分析社区居民参与社区文化活动及社区需求的状况。

1. 调查对象。调查发现,社区大部分的闲暇人员以中老年为主,年龄层次比较集中;青少年和青年比例不高,以忙于工作和学业为主要原因。随机走访的人群中很大一部分是已经退休的老人,闲暇时间比较多。其中,50 岁的有 30 人,

---

① "零跑腿"的路径基本打通,办件量由 2017 年的 4% 提升到 45%。见周伟:《开创宜业宜居宜身宜心的创新型花园式中心城区建设新局面》,《青岛日报》,2018 年 11 月 27 日。

占调查总人数的 35%;60～80 岁的有 52 人,占调查总人数的 65%;男性 32 人,占调查总人数的 39%;女性 50 人,占调查人数的 61%。

2. 调查内容分析。① 参加社区活动情况。在随机走访和调研中发现,社区居民参与社区活动的积极性并不高,原因主要是被调查的人大部分为中老年人,闲暇时间主要用于带孩子和种地,参与社区活动的时间很少,社区举办的活动对缺乏他们吸引力。参与过社区活动的人为 18 人,约占总调查人数的 22%;未参加社区活动的人数为 64 人,占总调查人数的 78%。② 对社区活动开展满意度调查。走访调查社区居民时发现,对社区举办过的活动,满意的为 16 人,占约占总人数的 53%;一般满意的 13 人,约占总人数的 43%;不满意的为 1 人,约占总人数的 0.4%。可以看出,超过半数的人对社区举办的活动感到满意,但是还有将近半数的人认为社区举办的活动一般,甚至还有不满意的情况发生。③ 对社区工作人员服务态度满意度调查。经调查发现,社区居民对社区工作人员大部分还是满意或者基本满意的,没有出现不满的选项。很多社区居民反映社区居委会的工作人员比较有礼貌,在办公室或者在小区内看到老人时会主动打招呼,也会主动询问是否需要帮忙。对社区工作人员服务态度满意的为 21 人,占总调查数的 68%;对社区工作人员服务态度看法一般的为 10 人,占总调查数的 32%。

3. 调查结论。居民反映的服务方面问题主要集中在以下几个方面。① 活动中心的采光问题。居民提出活动中心男女厕所设置不合理、活动中心无人管理。② 社区文体活动。一是没有 KTV 活动室,二是活动场地不足,三是活动时间安排不合理。③ 居民希望能够开展如下服务:设置孩子的代管班;组织社区义工队伍,使扶老助困、结对帮扶、定期慰问成为常态化活动;针对孩子多开展一些各类型的活动比赛,以带动中青年居民走出家庭,参与到社会活动中;加强文体骨干的培育,建立人才资源库;开展厨艺、养生、插花类培训和展示;举办书法、棋类等比赛;举行各类运动会,如健步走、球类等;组织广场舞、文体类表演、纳凉晚会,等等。①

(二)延川路社区调研报告

1. 调查设计。① 调研背景。延川路社区从建成至今已有 5 年时间,而社区"两委"成立于 2018 年。由于社区居委会成立时间较短,与社区居民的契合度仍需提高。为进一步了解社区居民需求和意见、提升社区服务品质、满足社区居民

_____

① 调查报告由李沧立德社会工作服务中心提供。

对美好生活的向往,在九水街道的支持下,延川路社区与立德社工凝聚共识、形成合力,于2018年6月份开展了为期3天的社区调研活动,进一步掌握和了解社区居民需求。② 调研目的。明确社区建设存在的问题和居民实际需求。运用社区评估技术,了解需求和问题,明确服务内容和工作方向。挖掘、整合延川路社区公益服务资源。运用社区潜能评估技术,整合连接社区服务资源,逐步建立、完善社区治理精细化支持网络。提升社区与社会组织联动协作意识。以调研为契机,与社区凝聚共识、形成合力,共推社区工作的深入开展,加强联动协作意识。通过社区调研,加强立德社工与社区居民之间互动沟通,从而提高本项目在社区的知晓率和影响力。③ 调研时间。2018年6月20日—6月22日。④ 调研对象。延川路社区党员代表和居民骨干。⑤ 调研方式。问卷调查、半结构式访谈法。立德社工共发放调查问卷308份,回收调查问卷308份,回收率为100%,有效问卷率为100%。

2. **基本情况分析。** 延川路社区共有6个小区,分布相对分散。立德社工根据社区居民的分布位置与分布人数发放调研问卷。在401医院发放问卷17份,在军苑社区发放问卷9份,在蓝岸社区发放问卷42份,在蓝庭社区发放问卷102份,在西子社区发放问卷49份,在御园社区发放问卷89份。其中,男性99人,约占被调查人数的32.1%;女性209人,约占被调查人数的67.9%。

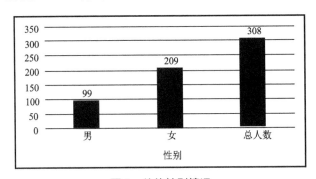

图2 总体性别情况

在年龄层次上,中老年人占的比例较大,主要是以退休的老年人为主,他们平时在社区照看孩子,对社区治理的意见最为中肯,最切合社区实际情况。其中,22岁以下的有11人,占总调研人数的3.6%;22～45岁的101人,占总调研人数的32.8%;46～55岁的77人,占总调研人数的25%;56岁以上的119人,占总调研人数的36.8%。

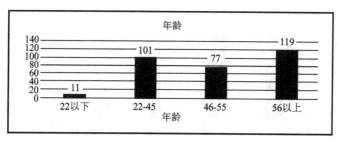

图 3　总体年龄情况

（二）调研内容分析

1. 社区建设的优势。

（1）社区信息渠道多元化，居民知晓率较高。调查显示，社区居民了解社区信息的渠道较为广泛，主要为社区宣传栏、电话通知、社区微信群、物业通知等渠道；其中，从社区宣传栏了解信息的为 118 人，从社区通知了解信息的为 34 人，从网络微信了解信息的为 95 人，从物业通知（含绿城 APP）了解信息的为 229 人，82 人没有了解过社区信息。总体来看，居民对社区事务的关注度较高。

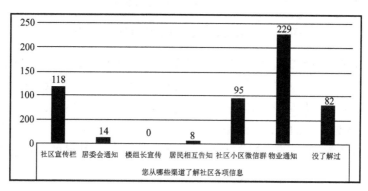

图 4　了解社区信息的渠道情况

（2）社区管理方式完善，居民满意度较高。综合来看，对社区管理的满意和基本满意的占了大多数：满意的为 75 人，占总人数的 24.4%；基本满意的为 146 人，占总调查人数的 47.4%。但是，一部分人对社区管理存在不满。其中，38 人表示对社区管理不满意，占总调查人数的 12.3%；23 人对社区管理非常不满意，占总调查人数的 7.5%。御园社区居民对社区管理不满意的为 11 人，占总不满意人数的 30%；非常不满意的为 17 人，占非常不满意总人数的 74%（图 5～6）。这说明御园社区居民对管理的标准和要求更高一些。

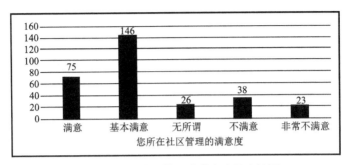

图5 居民对社区管理的满意度调查情况

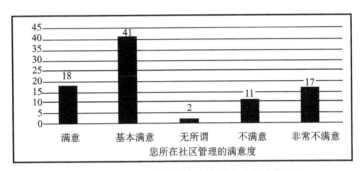

图6 御园居民对社区管理的满意度调查情况

（3）社区硬件设施完善,设置比较合理。总体来说,社区居民对社区的硬件设施基本满意:有65人认为社区的硬件设施是完善的,占总调查人数的21.1%;有160人认为社区的硬件设施基本完善但还有待改进,占总调查人数的51.9%;还有85人认为社区的硬件设施不完善,占总调查人数的26.4%。蓝岸社区居民对社区硬件设施的完善程度满意度较高,大部分人认为社区的硬件设施完善或者基本完善。

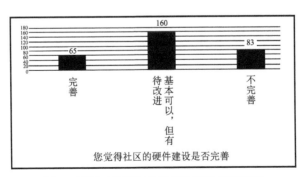

图7 居民对社区硬件设施完善的了解情况

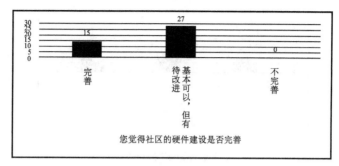

图 8　蓝岸社区居民对社区硬件设施完善的了解情况

西子社区居民对本小区硬件设施的规范程度意见较大；其中，21 人认为硬件设施不完善，急待改进，占小区调查人数的 42.9%，如小区喷泉废弃问题、人工河水质问题以及西子会所的卫生环保和使用率问题都是居民意见比较集中的领域。

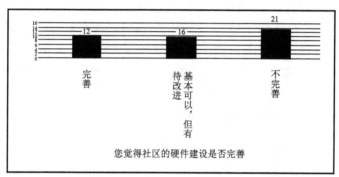

图 9　西子社区居民对社区硬件设施的了解情况

御园社区居民对社区的硬件设施有些意见。其中，29 人认为御园社区的基础设施不完善，占御园社区总调查人数的 42%；25 人认为御园社区的硬件设施基本可以但还有改进的空间，占御园总调查人数的 36.2%；只有 15 人认为御园社区的基础设施是完善的，占御园社区调查人数的 21.7%。

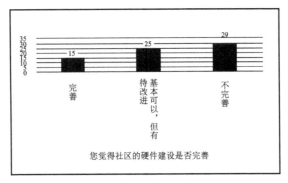

图10 御园居民对社区硬件设施规范的了解情况

居民参与态度特别是支持度的一致性。调查显示，195 人积极支持社区建设，占总调查人数的 60.6%；35 人认为参与社区事务花费个人精力，占总调查人数的 10.9%；33 人认为参与社区公共事务流于形式，没有实际意义，占总调查人数的 10.2%；18 人认为社区建设是政府的责任，与个人无关，占总调查人数的 5.6%；41 人对社区事务不了解，占总调查人数的 12.7%。统计结果表明，大部分社区居民对社区公共事务持赞同态度，对社区建设也是支持的，只有少部分人对社区共公共事务建设不支持。这主要因为在调研中填写问卷的社区居民中有一部分给下一代照看孩子，对社区建设不了解甚至不关心；除此之外，大部分社区居民还是愿意参与社区公共事务的。

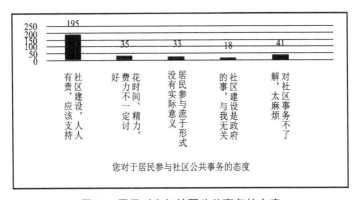

图11 居民对参与社区公共事务的态度

2. 社区建设的不足之处。（1）问题解决路径单一化，社区功能发挥的不明显。调查显示，社区居民出现问题时解决问题的首选路径是社区物业。与其他社区不同的是，由于该社区的社区居委会刚刚成立，与社区居民相处时间较短，所以有问题找居委会的情况在该小区并不算多。其中，遇到问题，寻求物业帮助的有 279 人，占总调研人数的 90.6%；只有 24 个人会寻求居委会的帮助，占总调研人数的 7.8%，可见物业成为解决社区居民问题的重要渠道。

（2）自身效能影响比较薄弱，社区宣传不到位。如图 12 所示，绝大多数社区居民对社区居委会不太了解，甚至是完全不了解。其中，不太了解的共 195 人，占总调查人数的 63.3%；完全不了解的共 71 人，占总调查人数的 23%。从分区的情况看，蓝岸社区居民对社区居委会不了解（包括不太了解和完全不了解情况）的共 38 人，占不了解总人数的 14.3%；蓝庭社区对社区居委会不了解的共 87 人，占不了解总人数的 32.7%；西子社区对社区居委会不了解的为 41 人，占不了解总人数的 15.4%；御园社区对社区居委会不了解的共 79 人，占不了解总人数的 29.7%；军苑社区对社区居委会不了解的共 7 人，占不了解总人数的 2.6%。这从一个侧面反映了居民对社区"两委"的功能、职责不清楚。

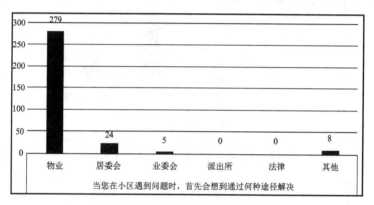

图 12　遇到问题，寻求解决途径情况

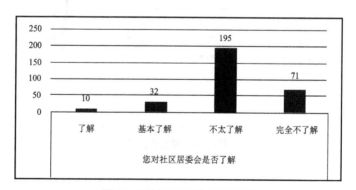

图 13　对社区居委会了解情况

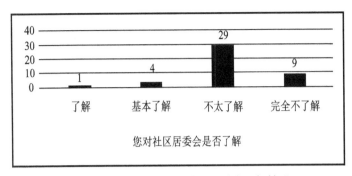

图 14　蓝岸社区居民对社区居委会了解情况

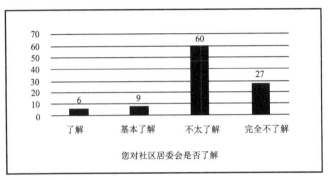

图 15　蓝庭社区居民对社区居委会了解情况

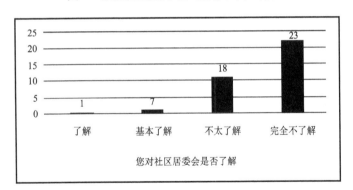

图 16　西子社区居民对社区居委会了解情况

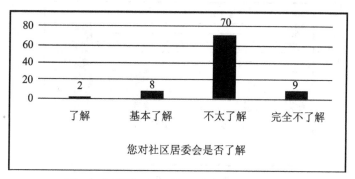

图 17　御园社区居民对社区居委会了解情况

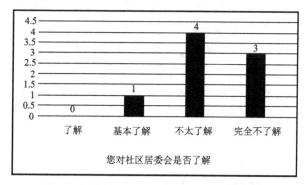

图 18　军苑社区居民对社区居委会了解情况

（3）公共事务组织低频率，居民参与次数不多。调查发现，社区居民参与社区公共事务的频率较低：28 人能够每年参与 5 次以上，占总调查人数的 9.1%；21 人每年能够参与 3～4 次，占总调查人数的 6.8%；86 人每年能够参加 1～2 次，占总调查人数的 28%；172 人从不参与社区公共事务，占总调查人数的 55.8%。显然，居民参与社区治理的积极性不高。调查中发现，举办的活动主体为物业公司，居委会成立时间不长，尚未在社区举办过活动；物业举办活动时由于很多居民的信息渠道有限，没有及时了解到相关信息而错过活动；因为要照看儿童，居民没有时间和精力去参与活动；物业举办的活动形式不够新颖，难以吸引居民参与。

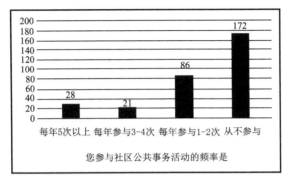

图 19　居民参与社区公共事务的频率

（4）社区文化娱乐活动多,志愿服务内容不够丰富。调查发现,社区居民参与社区活动主要以文娱活动为主。其中, 145 人经常参与文娱活动,占调查总人数的 41.2%;有 119 人从不参加社区活动,占调查总人数的 33.8%。可以看出,居民对社区文娱活动的兴趣高于其他活动,物业或者居委会举办的活动也大部分为文娱活动;少部分人会参与安全巡逻、护绿、保洁、扶贫助困、政策宣讲等活动,参与这些活动的大部分为社区骨干居民;从不参与社区活动的人占社区总人数近一半。这说明社区活动需要鼓励居民参与,提高居民的参与度;为此,社区居委会必须对活动方式进行创新。

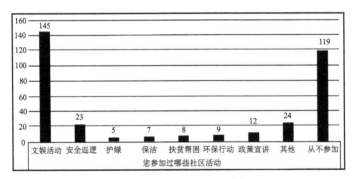

图 20　居民参与社区活动情况

（5）对社区事务决策关注度低,居民参与决策不积极。由图 21 可以看出,经常关心社区居委会日常工作和决策的有 30 人,占总调查人数的 9.7%;偶尔关注社区居委会日常工作和决策的有 65 人,占总调查人数的 21.1%;很少关心社区居委会日常工作和决策的共 155 人,占总调查人数的 50.3%;从不关心社区居委会日常工作和决策的共 65 人,占总调查人数的 21.1%。显而易见,社区居委会在社区治理中发挥的作用还不是很明显。在调查中我们了解到,很多居民不了解社区居委会的存在,更不用提对社区居委会工作的关注程度了。

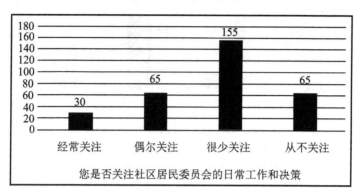

图21 居民对社区居委会的日常工作和决策的关注程度

　　御园社区居民相对于其他区的居民来说,对社区居委会日常工作和决策的关注程度较高。其中,10人会经常关注社区居委会的工作,占总数的1/3;偶尔关注社区居委会日常工作和决策的有29人,约占居民总数的1/2。这说明御园社区居民对社区居委会的日常工作和决策还是很关注的,而其他社区的居民对居委会日常事务和决策的关注度不高。

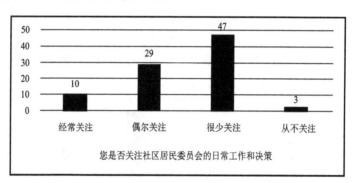

图22 御园社区居民对社区居委会的日常工作和决策的关注程度

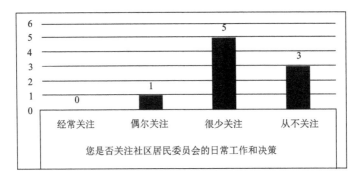

图 23　军苑社区居民对社区居委会的日常工作和决策的关注程度

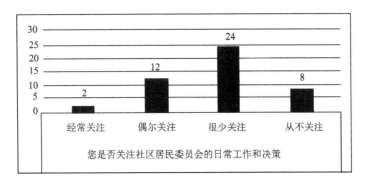

图 24　蓝岸社区居民对社区居委会的日常工作和决策的关注程度

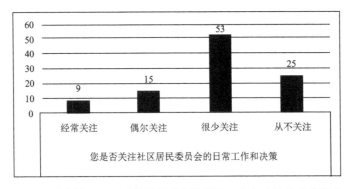

图 25　蓝庭社区居民对社区居委会的日常工作和决策的关注程度

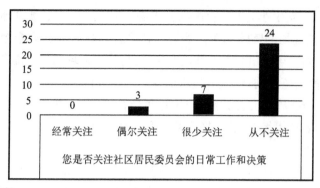

图26　西子社区居民对社区居委会的日常工作和决策的关注程度

二、服务内容

调查结果显示,各个社会组织在不同的社区开展了大量的公益服务;其中,文体活动因其强大的动员能力和广泛的参与性受到格外重视,很多社区都结合自身实际组织开展多种多样的文体活动,较好地满足了富裕起来的社区居民精神文化生活的需求。下面选取几个有代表性的社区服务活动进行介绍。

1. 九水街道宾川路社区与毛公地社区庆祝新中国成立69周年惠民文艺会演。2018年9月29日上午,"四海欢腾迎国庆,邻里共筑中国梦"——九水街道宾川路社区与毛公地社区庆祝新中国成立69周年文艺会演在和达和城南广场举行。本次演出由九水街道宾川路社区党支部和毛公地社区党支部联合主办,青岛市12349公共服务中心和青岛李沧咏年楼日间照料管理中心承办。一大早,和达和城南广场就聚集了大批居民,人声鼎沸,热闹非凡。随着主持人优雅洪亮的声音,上午9点演出正式开始。第一项内容是由宾川路社区党支部书记丛少程致辞。丛书记庄重认真、慷慨激昂、饱含深情的发言感染了在场的所有人,激发了居民们的爱国之情,为演出奠定了隆重庄严的主基调。接下来进入到文艺会演环节。本次文艺会演汇集了宾川路社区和毛公地社区的节目精华,充分展示了两个社区文艺队伍的风采。毛公地社区腰鼓队的表演《张灯结彩》拉开了本次演出的序幕,清脆欢快的鼓声、欢天喜地的氛围感染了在场的所有人。宾川路社区朝伦太极队献上了动静结合、柔中带刚的《气功太极养生杖》《太极功夫扇》《24式太极拳》三种太极功夫表演。宾川路社区梦想歌舞团的旗袍秀《又见江南雨》和毛公地社区舞动人生舞蹈队的形体舞《中国茶》,演员们身姿曼妙、脚步灵动,仿佛从画中走出,美轮美奂。宾川路社区枫叶红舞蹈队的大扇舞《我的祝福您听见了吗》形式新颖,生动活泼。另外,宾川路社区梦想歌舞团带来的二胡合奏《赛马》、女生小合唱《映山红》、豫剧《朝阳沟》片段、男生独唱《欢聚一堂》等,赢得了现场的阵阵掌声。毛公地社区合唱队的大合唱《走向复兴 + 团结就是力量》为本场演出画上了圆满的句号,将演出现场的气氛推向了高潮。

在这个伟大庄严的日子里,九水街道宾川路社区和毛公地社区联合举办庆祝新中国成立 69 周年文艺会演,响应时代号召,顺应历史趋势,共建共融,同筑中国梦,打造新时代优秀社区,携手共建和谐社区氛围,促进了社区之间的交流互通和共同发展。

2. "寓教于乐,快乐成长"——侯家庄社区"番茄乐学社"系列活动。为了促进社区儿童建立与外部环境的友好关系,帮助社区儿童认识更多的朋友,促进家庭、社区、学校的有效连接,进一步打造侯家庄社区青少年儿童活动阵地,侯家庄社区联合李沧区立德社会工作服务中心于 2018 年 10 月 31 日起,于每周三下午开展番茄乐学社活动。截至 2018 年 12 月 12 日,参与活动的小朋友累计超过 60 人次。本项活动围绕侯家庄社区"一三四八"文化品牌,以社区公共空间资源为阵地,为社区青少年、儿童提供身、心、社、智方面的综合性服务,改善了社区微环境,促进了其健康成长。

3. "崇德尚礼,幸福社区"邻居节月饼 DIY 浓情制作迎中秋活动。为弘扬传统文化、营造节日氛围,2018 年 9 月 20 日上午,九水东路社区联合立德社会工作服务中心在党群服务中心开展了"崇德尚礼,幸福社区"邻居节月饼 DIY 浓情制作迎中秋活动。活动现场一派浓浓的节日气氛。在专业糕点师的指导下,居民们开始了月饼制作,搓面团,搓馅料,压模印,按照糕点师的教学步骤,有条不紊地进行着各种制作程序。在制作过程中,相互交流制作方法和技巧,并以美食为话题聊起生活点滴,分享活动感受。一会儿,各式各样的月饼便在大家的手中诞生了。活动中,猜题互动环节为居民调节了氛围,现场其乐融融。活动结束时,大家纷纷品味着自制的月饼。此次活动,不仅让居民体验了月饼 DIY 的快乐过程,为社区居民打造了一个健康的交流平台,增进了彼此之间的情感,还增强了居民对传统文化的了解,使居民更深刻地理解了我们的节日——中秋节的意义,有力地弘扬和传承了中国传统文化,为九水东路社区营造了良好的节日氛围。

如前面所述,本次活动,不光弘扬了尊老敬老爱老的优良传统,丰富了社区老年人的文化生活,还通过社区之间联合活动促进了社区和谐、资源共享,强化了原村民与新市民之间的融合,有力地推动了社区治理新模式的发展。

4. 庄子社区"全民运动,乐享生活"第一届趣味运动会。为普及全民健身运动、进一步丰富广大居民的精神文化生活、更好地展现社区居民风采,2018 年

10 月 25 日,庄子社区携手仁心社会组织共同举办了庄子社区"全民运动,乐享生活"第一届趣味运动会。参加本次运动会的有街道办事处工作人员、社区两委成员及社区居民百余人。

（1）全民运动—由庄子社区文体骨干团队分别为大家献上了太极拳、形体展示表演,展现了社区居民积极向上的良好精神风貌。社区通过文体骨干的培训成立了太极拳和模特表演团队,邀请了专业老师指导,以点带面,突出亮点。社区对文体骨干进行了 10 多次培训,提升了社区骨干的组织能力,进一步将零散、单一的居民爱好发展成为整齐划一的团队表演,使庄子社区文体活动上了一个新台阶。

（2）乐享生活。活动开始前,社区多次召开座谈会,结合前期在其他社区开展活动的案例,认真策划、精心准备本次运动会。为了全程突出趣味性和参与性,本次活动应用了大型充气器材,增加了团体项目的种类。当天参加运动会的居民全部参加了各项比赛,他们既是运动员又是啦啦队,充分体现了全民健身、全民运动的意义。活动突出了趣味性主题,使全民健身运动得到普及,受到了广大社区居民的一致好评。

通过举办丰富多彩的社区文体活动,增强了社区居民之间的沟通和了解,显示了社区居民良好的精神状态,展示了他们积极向上的风貌,让社区居民真切感受到社区生活的温馨与快乐。

三、服务方式创新

（一）积分制

积分制是推进社区服务体系建设的一个重要抓手。积分制包括积分奖励与积分消费两个部分。积分制管理有一套严密的程序。积分制管理特色鲜明,对于调动社区居民参与社区治理、整合社区内外资源等具有重要意义。

1. 积分制管理的内容、特点及意义。

（1）积分制管理的含义。所谓的积分制就是社区居民可以通过自己的正向行为得到一定的分值,这些分值可以用来兑换某种物质或服务。比如,某位居民参与志愿服务,可以积累一定分值,这些分值可以用来换取一定数量的花生油或者享受免费理发等服务。积分制,以积分记录美德,以积分兑换服务,用行动传递正能量。

（2）积分制管理的基本模式和方法步骤。积分制管理就是委托专业软件公司设计一套积分计算标准、居民用积分兑换物品或服务的内容,然后由专业的社会组织负责统一运营,包括积分确认、录入、用积分兑换等价物等。积分制管理由积分核实、确认及积分兑换等环节构成,是一个完整的制度体系。

(3)积分制管理的特点。一是积分制以奖励分为主,以正能量鼓励居民。二是积分长期有效,即便不消费也不清零、不作废,为居民建立一个长期有效的"行为银行"。三是积分具有高度开放性,可以根据社区治理需要和条件许可,不断拓展积分的使用范围,使之覆盖社区治理全过程。四是积分制由系统进行自动化管理。通过系统软件对积分进行自动管理,既保证准确性,又可以提高管理绩效。

2. 社区治理中引入积分制管理的意义。

一是调动居民参与社区治理的积极性。新时代社区治理面临的一个重大难题就是如何调动社区居民参与社区治理的积极性。积分制管理的引入,使每个社区居民只要有符合要求的行为就可以得到一定的积分,如参加培训学习、参与社区环境治理等都可以获得一定数量的积分,促使居民从旁观者向实际参与者转变。二是整合资源。在积分累积与兑换方面,社区可以连接很多的社区内外资源,形成积分联盟,从而将更多的资源引入到社区治理中。三是积分及其兑换可以与党委、政府阶段性重点工作有机结合,推进党委、政府重点工作任务的落实,如创建国家文明城市等。

3. 国内城市的典型实践案例。

(1)湖北荆门市的主要做法。 湖北省荆门市从 2015 年 7 月开始引入积分制管理模式。荆门市首先在浏河社区开展试点,建立积分信息平台,成立积分审核小组,核实积分,兑换积分。积分兑换内容分为五个方面:家庭美德实践类、家庭素质提升类、家庭生活艺术类、家庭关爱服务类、邻里公助互益类。每一方面又细分若干具体项及分值。例如,家庭素质提升类分为 6 个具体项:每天坚持阅读 1 小时,积 30 分;积极参加"父母课堂""亲子教育"等认知培训,积 20 分;学历提升,积 20 分。积分兑换偏于物质激励,如积分达 5000 分以上者可赠送全年《荆门晚报》一份,达 1000 分者送 5 升金龙鱼食用油 1 桶。

(2)河南新乡积分制养老模式。2014 年 5 月,新乡市居家养老管理服务中心在新乡市老龄办的支持下,与 12349 公共服务中心等组织合作建立"异业联盟",实施积分养老制。这一机制主要包括获取积分和消费积分两个部分。在获取积分方面,途径主要有入网积分、消费积分、到老年大学学习积分、参加志愿服务或者公益服务积分。消费积分方面,老年人可以用积分兑换以下服务和产品。一是与日常生活有关的服务。老年人在 12349 公共服务中心的社区居家养老服务网点理发一次 5 元钱,用 3 元现金 +2 个积分即可。二是与医疗卫生和康复保健有关的服务。老人到新乡市 12349 公共服务中心的社区居家养老体检中心接受各种健康检查全部用积分支付。三是与老年人精神慰藉有关的服务。新乡创造的积分制养老模式在全国产生了广泛影响,新华社等国家级媒体对此进行了专题报道。

4. 青岛九水街道积分制实践。

12349 公共服务中心推出了积福养老。首先开办敬老福分卡。条件是年满 50 周岁的居民即可带上个人身份证,到宾川社区居委会办理积福养老。其次,积分计算。便民服务可以积分:水、电、煤气费充值,每交 10 元可得 1 福分;电话费充值,每交 10 元可得 1 福分;日常活动签到,参与宾川路社区的各项活动打卡签到,即可得 5 福分。志愿者活动。参与宾川路社区的志愿者服务,可得 10 福分。福分可以当钱花,如清风卫生纸 5 福分 +16 元、利麦麦香挂面 3 福分 +4 元、理发 5 福分、入住指定的养老院可用福分冲抵 10% 的床位费。2019 年积分卡对接智慧养老平台,服务范围进一步扩大。

积分制将市场机制引入到社区服务,通过利益导向激发和调动参与者的积极性,是一项重大的制度性创新,深受居民欢迎,12349 日照托管中心一年时间服务群众达 8 000 多人次。

(二)项目制

党建引领惠民生服务项目。九水街道党建共有 8 个项目,每个项目都采取社区两委与专业社会组织合作的方式进行。

8 个社区服务项目见表 7。

表 7 社区服务项目表

社区	项目名称	主要指标
宾川路	共建共荣,聚力宾川	社区报 4 期;社区文化活动 6 场、协助开展党建主题日 6 场;搭建社区便民服务体系;日常趣味小组活动 20 次;组建志愿者服务队伍
毛公地	睦邻家社区服务项目	组建社区志愿者服务队伍 3～5 支;社区服务健康大使团队 4 次能力建设培训;邻里中心特色主题日活动 20 次;爱心集市 1 次
尤家下河	和谐尤家,快乐 365	协助开展主题党日活动 12 次;组建志愿队伍,培训 9 次;举办"红太阳"义教班 12 次

(续表)

社区	项目名称	主要指标
侯家庄	益艺生辉	协助社区党组织完善民主生活协商平台(2次);协助社区党组织创新社区"主题党日+"党员服务活动(4次);强化服务队伍建设,抓好社区瑜伽老年娱乐队伍,培育孵化以及招募组建社区太极老年健身队伍等;搞好青少年以及为老服务。青少年服务方面:"番茄乐学社"常态化运行(150节次);社区青少年SCP(社交能力)提升训练营(1次);我的生活我做主——社区亲子互动趣味运动会(1次);社区家长俱乐部成立启动仪式以及专项能力辅导(4次)。为老服务方面:社区老年人瑜伽班、太极班常态化运行(24节次);安享华龄,乐益风采——社区社会组织风采展示活动(2次);趣味生活,你我共享——社区老年人趣味运动会(1次)等
九水东路	幸福集结号	组建完善5个社区组织;开展17项特色主题活动(36次)
延川路	参与360°——延川路社区网络化服务体系建设	组建5个社区组织;开展特色主题活动(17次);做好机制建设活动(4次);做好日常固定活动(30节)
苏家	娱乐养老志愿服务项目	组建社区组织机构5个;举办特色主题活动12次;开展社区公益课堂(28课时)
庄子	聚心汇智,幸福庄子	讲座培训10次;成立庄子"乡贤能人议事会";开展社区服务活动5次;开展志愿者服务活动(3次);开展"暖心计划"之新春佳节困难家庭走访活动

　　服务项目化借鉴了企业或者工程管理的做法,将某项工作进行程序化处理,通过项目设计、评审立项、项目实施、监督评估等步骤,以科学化、制度化方式服务群众。项目设计是基础,立项是关键,实施是核心,监督评估是动力,缺一不可。[1]项目制服务本质上是契约管理方式在社区服务领域的运用,通过合同约定,确定购买方和承接方之间的权利与义务。在项目制方式下,社区服务目标设置更为清晰、服务过程更好控制、服务结果更易于考核,对于促进社区服务的精细化、人性化具有积极的作用。

　　(三)品牌化

　　1.1348文化品牌。该品牌是由立德社会工作服务中心根据侯家庄社区服务需要创立的品牌。

　　"1",即一个核心。在党组织的领导下,创新工作思路,充分发挥党员先锋模

---

① 中共北京市朝阳区委组织部:《朝阳区"一轴四网"区域化党建创新报告》,光明日报出版社,2016年,第153页。

范作用,整合社区资源,强化社区服务功能,保障社区服务方向的正确性。

"3",即三个课堂。充分发挥社区公共空间资源,以不同群体的需求为导向,打造完善国学课堂、支点课堂和青少年"番茄乐学社"课堂,助推服务的常态化、持续化和专业化。

"4"即四场活动。以活动促融合,以专业助提升,充分发挥社会组织专业优势,在社区党支部的领导下组织开展趣味运动会、端午包粽子、春节包饺子和纳凉晚会四场大型活动,促进社区融合。

"8"即八支队伍。以社区居民兴趣为切入点,培育孵化社区足球、篮球、锣鼓、合唱、志愿服务、养生等八支类型不同、属性不一的社区队伍,扩大社区居民参与社区事务的渠道和平台。

2. 宾川路社区星火志愿服务队。该组织成立于2018年6月,共有成员50人,由宾川路社区党支部直接领导,青岛12349公共服务中心孵化培育。其服务宗旨是爱心奉献社区,真情暖你我;组织原则为自愿、真诚、无私、无悔;职责为热爱社区,志愿服务,维护社区名誉,服从社区党组织安排。星火志愿服务队以党员为主体,要求党员亮身份,以实际行动立党员标杆,共建共融聚力宾川。成立以来,星火志愿服务队开展了许多志愿活动,如"上合"峰会期间,开展社区治安巡逻。在5天时间里,星火志愿服务队上午、中午、晚上三班倒,无一人请假,做到了零迟到、零早退、零请假,顺利完成了组织交办的任务,展现了宾川路社区志愿者的风采。在"创卫"行动中,星火志愿服务队在社区党支部领导下,积极参加"创卫"活动,志愿者深入社区的每个角落,将社区的卫生死角全部清理干净。

(四)清单化

为有效发挥社区资源的多元性和互补性,满足社区居民多样化需求,在社区党组织的领导下,社会组织制定完善社区需求清单、服务清单、资源清单,保障社区服务的供需匹配(表8～10)。

表8 需求清单

党建活动	社区党组织规范化建设,党员知识理论体系完善,党建工作服务阵地打造,党员风采展示等
专业技术培训	社区锣鼓、合唱、瑜伽、太极等文娱技巧提升,社区志愿服务能力提高,社区亲子关系教育等
场地支持	场地开放预约化,加强场地的有效管理,合力分配社区场地的使用等

（续表）

群众团队建设	培育孵化社区青年服务队伍,完善社区篮球、足球等社区自组织规范化建设,丰富社区居民精神文化生活等
交通出行	为社区特殊群体修建专用通道,保障社区电梯的及时维修等
环境整治类	加强社区绿化的维护,保障社区环境的整洁,需提高社区环保意识等

表9 服务清单

党建特色服务	支点课堂、社区党员"红色"服务、"主题党日＋"活动等服务
青少年特色服务	小海豚计划、儿童艺术创作分享会、37℃剧社、社区亲子互动趣味运动会等服务
老年人特色服务	老干部协会及志愿者、杨氏太极拳俱乐部、社区楼长志愿入户慰问、走访李沧区社会福利院、社区端午／中秋 DIY 系列活动、"枫叶红了"摄影作品展、冬季养生系列讲座等服务
共享特色服务	社区朗诵社服务、社区军鼓服务、社区舞蹈队服务、社区合唱服务、社区模特服务、社区柔力球活动、社区太极拳活动、够级比赛活动、国学讲堂活动、纳凉晚会活动、露天观影服务、青年志愿服务活动、分发腊八粥、春节送对联等服务
社区治理服务	定期维护社区环境卫生、整修社区特殊群体专用通道、消防演习等

表10 资源清单

党建资源	区域化党建共建议事会、党支部、党员骨干、党建服务品牌
组织资源	专业理财团队、专业教师团队、专业健康团队、专业管家团队、社区党员服务队、社区军鼓队、社区合唱队、社区读书社、社区舞蹈队、社区太极队、社区楼长队伍等
场地资源	设计施工中
支持资源	居民理财,金融知识,防钱财诈骗;义诊,健康服务;儿童教育,心理辅导;党政教育,消防培训等

（说明:表7、表8、表9所示是立德社会工作服务中心在推进服务项目实施过程中制定的三个清单）

四、服务绩效

李沧区立信社会管理咨询中心组织评审专家对社会组织提供的服务项目绩效进行了全方位测评。一是服务对象满意度抽查。随机抽取服务对象进行电话访问,逐个了解服务对象评价情况。在电话访谈中,专家没有听到举报声、批评声和抱怨声,听到的更多是对社会组织工作给予的赞美声以及社区居民要求增加活动频次的建议声、拓展服务项目的呼声。二是社区两委评价。社区是服务项目的落地处,社区两委直接参与服务项目的组织,有很大的发言权。从调研情况看,各社区都尝到了引进社会组织、开展专业化项目运作、促进社区加快发展的甜头。社区领导对服务项目给予了较高评价。例如,延川路社区孙书记认为,社会组织帮助我们建立党员队伍、楼组长队伍,组织开展丰富多彩的活动,使工作由忙乱变为有序、由被动变为主动,很快打开了局面;宾川路社区丛书记认为,社会组织给社区带来的最大变化是把社区的精气神提升上来了,增强了社区的凝聚力;尤家下河尤书记深有感触地说,原来工作单打独斗,现在有了帮手,社区工作更富有生机了;苏家社区和庄子社区也明确表示社区工作离不开社会组织。三是社区宣传工作也上了新台阶,《青岛日报》刊发了专栏报道,《中国社区报》和《大众日报》也进行了走题采访,网络媒体发布消息 30 余条,仅头条报道就达十余条。这些都是服务项目带来的实实在在的变化。

五、服务保障

社区服务是一项系统工程,牵涉方方面面的利益,需要强有力的保障才能打通服务群众的"最后一公里",赢得居民满意的效果。

(一)强化党建引领

九水街道认真贯彻党的十九大精神和上级要求,结合街道实际,将为民服务纳入党建引领惠民生的体系之中,通过不断加强党的建设,持之以恒地改善民生。九水街道积极推进党支部标准化、规范化建设,加强基层党组织带头人的选拔和培养,全面提升基层党建工作质量,将基层党组织打造成为民服务的坚强堡垒,使党员成为为民服务的先锋模范,党组织领导群众、组织群众、服务群众、引导群众的功能得到充分发挥。

(二)建立社区服务体系

一是高标准打造街道便民服务中心。根据社区居民分布情况,在东部、中部、西部分别设立了街道级便民服务中心。三个便民服务中心的设立,不仅覆盖了全部社区,而且极大地方便了社区居民,为其享受便捷服务创造了条件。便民服务中心硬件设施齐全,服务功能完善。

以中部便民服务中心为例。该中心位于街道办事处一楼,大厅左侧设置有服务首席台、宣传资料区、打印复印区,右侧设置有值班领导席、自助办理区、休闲等候区。所有设置均协调有序、丰富周到。比如,在服务首席台前设置了便民伞架,在宣传资料区设置了医疗应急箱,在自助服务区设置了饮水机、报架等,为居民前来办事提供了全方位的贴心服务。大厅内设置 3 个业务窗口,其中 2 个为综合窗口、1 个为回复取件窗口。业务窗口后面是后台办理区,负责线上线下业务的综合办理。便民服务中心可以提供涵盖 65 项政务服务的"零跑腿",包括生育登记、高龄补贴、老年证办理、准生证办理等,居民可直接通过网络提交资料,待办结后便民服务中心会将办理结果通过社区传递或以快递等方式送到居民家中。

二是提供高质量的便民利民服务。便民服务中心设置服务首席员,居民前来办理业务,自进入大厅开始,服务首席员会主动询问并全程协助办理相关业务。所有服务人员统一着装,提供"微笑式"服务,以"店小二"和"保姆式"服务理念,为居民提供优质高效服务。

三是在辖区成立了 12 支便民小分队,遇到出门困难的老年人或残疾人需要办理业务时,便民小分队会及时提供上门服务。

四是在社区层面成立党群服务中心,直接为社区居民提供服务。社区层面的党群服务中心可以为社区居民办理养老保险、计生、高龄补贴等事项;需要到街道办理的事项,社区党群服务中心也可以为居民开展代理服务。

(三)提升社区自我服务能力

在社区党委的领导下,以社区居民兴趣为切入点,培育孵化社区自组织。

一方面,根据各个社区的特点,首先遴选社区活动骨干,指导成立相应的文体娱乐活动组织,如舞蹈队、锣鼓队、秧歌队等,像延川路社区就组建了 14 支文体活动组织。

二是聘请专业老师进行技能辅导,提高自组织的专业化能力。

三是积极参加街道、区委区政府组织的各种活动,提升影响力,满足居民的精神文化生活需要。

四是根据社区工作开展情况和社区队伍属性发挥专业社工的辅助作用,建章立制,促进社区自组织的规范化运行,增强社区社会组织为社区居民的服务能力。比如,九水街道刘家下河社区主任傅大雨长期关注社区教育,成立了占地 3 000 平方米的青少年教育中心,聘请"青岛足球旗帜"曲波做教练,引入青岛追风少年足球运动俱乐部,对社区青少年足球爱好者开展定期训练。

第三部分

展望篇

第八章 >>

社区治理创新与动能转换

　　社区治理正处在探索的初期阶段,呈现百花齐放、百家争鸣的局面。各地的实践摸索有明显的地域性特征,从中概括出一般的共性规律是理论工作者的责任和使命。李沧区九水街道创造的九水模式是众多模式中的一种。作为村改居为主的社区,九水街道各社区承担着由乡村社区向现代城市社区转变的任务,面临着两大挑战:一是实现由村民到市民的转变,二是实现由农村社区治理到城市社区治理的转变。能否成功地完成这两大转变关系到社区治理的成败。正是在这个过程中,九水街道创造出了自己的模式。可见,实践的需求是理论创新之母。

　　纵观全国社区治理的实践进程和发展变化,有一点必须提及,就是社区治理创新的动能转换问题。

一、社区治理创新需要动能转化

　　社区治理不同于社区管理,二者存在巨大差别,见表11。

表11　社区管理与社区治理比较

	社区管理	社区治理
价值理念		共建共治共享
主体方面	突出政府的主导地位和单一性	政府、社会组织、居民多元主体共治
方式	行政化	除了行政化外,更多地运用协商等民主方式
运行机制	指令—完成	协商—完成
绩效评价	突出政府部门地位	突出居民主体地位

　　在一定意义上,社区治理是社区管理的升级版,这不仅体现在理念上,而且在运行机制、绩效评价等多个方面社区治理与社区管理都有显著差别。从联系

角度看,社区管理是社区治理的基础,不能因为社区治理就否定社区管理的价值;另一方面,社区治理不等同社区管理,二者存在本质上的不同。由社区管理走向社区治理是社区建设的一个历史性飞跃,完成这一重大的历史性变迁,需要实现社区治理的新旧动能转换。

谈及新旧动能转换,学术界往往从经济学的视角进行研究,着力于探讨经济新常态背景下如何加快我国的经济结构调整、产业升级与科技创新,从社会学视角进行研究的极少见。实际上,不仅经济发展面临着新旧动能转换,社会治理领域也面临着相同或者类似的问题。就社区治理而言,自党的十八大报告明确提出"社区治理"概念以来,无论是学术研究还是实际工作,都面临着从传统的社区管理走向社区治理创新这一全新课题。从新旧动能转换的视角研究社区治理创新,有助于我们更好地把握新时代社区治理创新的内涵与路径选择。

(一)新旧动能转换要求推进社区治理创新

党的十八大以来,随着经济社会发展及推动我国社区治理创新的新动能不断累积,将社区治理创新作为社区建设与社区发展的核心任务已是大势所趋。

1. 社区居民服务需求出现了新变化。进入新时代,人民群众的需求出现了新的变化。自改革开放以来,我国社会生产力水平明显提高,人民生活显著改善,对美好生活的向往更加强烈。习近平总书记指出:"我们的人民热爱生活,期盼有更好的教育、更稳定的工作、更满意的收入、更可靠的社会保障、更高水平的医疗卫生服务、更舒适的居住条件、更优美的环境,期盼着孩子们能成长得更好、工作得更好、生活得更好。"现在,社区居民的服务需求的变化非常明显。一是需求多样化。养老、教育、文化、卫生、环境、健康等服务需求越来越成为社区居民关注的话题。各地多种形式的调查表明,社区居民的需求是十分广泛的,涵盖了社区生活的各个领域,规范性需求、感觉性需求、表达性需求、比较性需求在社区居民身上都有所表现;其共性特点是居民对公平正义、民主治理等要求空前高涨,从而对社区治理形成了倒逼机制——推动社区治理改革,满足居民的需求。依据社会分层理论,我国社区居民已经出现了明显的分化,高收入人群和低收入、困难群体的社区需求显然无法等量齐观。社会分层的结果就是社区居民需求层次化。诸多变化呼唤新的治理理念、治理方式,这是决定社区治理新旧动能转换的基础性、关键性要素。

2. 社区治理有了新的理论指导。无论是社区管理还是社区治理,都必须服务于社区发展,社区发展是统领一切的价值定位。进入新时代,指导我国社区发展的理论有了新的变化。习近平新时代中国特色社会主义思想为社区发展提供了新的理论指针。习近平总书记十分关注社区治理。党的十八大以来，习近平总书记围绕社区治理多次发表重要讲话，指出了社区治理的方向、目标、原则、任务，①为新时代社区治理提供了强有力的理论指导。

第一，指明了新时代社区治理的重要性。习近平总书记多次强调"社区是基层基础，只有基础坚固，国家大厦才能稳固"，"社区是党和政府联系、服务居民群众的'最后一公里'"，"社会治理的重心必须落到城乡社区，社区服务和管理能力强了，社会治理的基础就实了"，"要推动社会治理重心向基层下移，把更多资源、服务、管理放到社区"。这充分说明，习近平总书记从党和国家治理的全局高度看待社区治理，指明了社区治理的重要地位。

第二，指明了社区治理的宗旨和原则。习近平总书记强调"社区工作要时时处处贯彻党的宗旨，让党的旗帜在社区群众心目中高高飘扬，让社区广大党员在服务群众中充分发挥作用、展示良好形象"，"社区的党组织和党员干部天天同居民群众打交道，要多想想如何让群众生活和办事更方便一些，如何让群众表达诉求的渠道更畅通一些，如何让群众感觉更平安、更幸福一些，真正使千家万户切身感受到党和政府的温暖"，"社区情况复杂多样，群众需求多种多样，要把更多资源、服务、管理放到社区。社区工作者要履行好职责，切实把群众大大小小的事办好""提升服务水平，不断提高社区群众幸福指数"。

第三，指明了新时代社区治理的目标任务。习近平总书记强调"让老百姓过上好日子是我们一切工作的出发点和落脚点"，"把社区建设好，把幼有所育、学有所教、劳有所得、病有所医、老有所养、住有所居、弱有所扶等目标实现好"，"加强社区服务能力建设，更好为群众提供精准化精细化服务"，"要把党的惠民政策宣传好，把社区居民和单位组织好，打造共建共治共享的社区治理格局"，努力贯彻以人民为中心的发展思想。

第四，指明了新时代城乡社区治理的路径策略。习近平总书记强调"社区工作是一门学问，要积极探索创新，通过多种形式延伸管理链条，提高服务水平，让千家万户切身感受到党和政府的温暖"，"加强社区治理体系建设，推动社会治理重心向基层下移，发挥社会组织作用，实现政府治理和社会调节、居民自治良性互动"，"治理和管理一字之差，体现的是系统治理、依法治理、源头治理、综合施策"，"要发挥社会各方面作用，激发全社会活力，群众的事同群众多商量，大家

---

① 这段论述包括习近平总书记的重要讲话均出自黄树贤:《奋力开创新时代城乡社区治理新局面特稿——学习贯彻习近平总书记关于城乡社区治理的重要论述》,《中国民政》,2018年第15期,第7页。

的事人人参与"。习近平总书记的这些重要论述,从认识论和方法论上系统回答了社区治理怎么看、怎么办、怎么干等重要课题,既部署"过河"的任务,又指导如何解决"桥或船"的问题,为我们推进城乡社区治理指明了主攻方向、提供了科学路径。

第五,指明了社区工作者队伍建设的根本要求。习近平总书记强调"各级都要重视基层、关心基层、支持基层,加强带头人队伍建设","做好抓基层打基础工作,夯实党执政的组织基础,关键是要建设一支高素质基层党组织带头人队伍","逐步建立一支素质优良的专业化社区工作者队伍"。

习近平总书记这些重要论述构成了探索具有中国特色社会主义社区治理之路的指针,为新时代推进社区治理现代化提供了根本的理论指导。

3. 社区发展有了新目标。党的十八届三中全会将国家治理现代化作为我国新阶段改革的总目标。这一新改革目标的确定,孕育催生了社区治理,并凸显了社区治理在国家治理中的重要地位。由国家治理现代化到社区治理现代化,是逻辑反推的必然结果,也是客观形势发展的内在需要。离开了社区治理现代化,国家治理现代化就成为无根之木,国家现代化的大厦就难以建立。国家治理现代化要求社区治理现代化,为社区由管理走向治理指出了方向、增添了新动力。与此同时,党的十八大、十九大报告提出"党委领导、政府负责、社会参与、法治保障"的社会治理格局,为社区治理变革又增加了新动能。作为社会治理的基础,社区治理主体的格局定位清晰、明了,为确定实践目标提供了前提,有利于社区治理向纵深发展。

二、社区治理创新需要有新内容

党的十八大正式提出国家治理现代化的要求,社区治理进入新阶段,呼唤新的理论和行动框架。实现由社区管理到社区治理的转变,需要我们培育新动能,加快建立新体制、新机制,探索新模式。

(一)新思路

突破社会管理的束缚,顺应时代发展的要求,树立社区治理观念,是推进社区治理的前提和基础。没有观念的突破和更新就没有制度的创新。纵观当今世界,社区治理的理念已经越来越清晰,具体包括以下几个方面。

(1)以人为本的治理理念。社区发展的目标和依据都是人,让人民过上美好生活构成了社区治理的根本目的。离开人去谈论社区治理,无疑是本末倒置。

（2）多元合作共建、共治。社区治理是一个复杂的系统工程，单靠执政党和政府无法完成社区治理的繁重任务，只有多种力量相互合作、共同参与，才能建设好、发展好社区。

（3）共享是社区治理的重要思路。利益共享、风险共担才能最大限度地调动各方参与社区治理的积极性，将各种力量、资源凝聚起来，形成推进社区建设与发展的合力。为此，我们必须抛弃不合时宜的一些理念，如政府包办一切、习惯单打独斗或让参与方光出力但无法享受收益等。

（二）新结构

由社区管理走向社区治理到社区治理现代化，要求加快社区治理结构的转换，使社区治理结构能够完全适应现代社区治理的要求。

1. 从纵向角度看，社区治理结构转换要求进一步改革现行的街道－社区管理体制。我国大多数社区都承担着行政指令性任务，而且为此付出了巨大的努力，以致影响了社区自治功能的发挥。这一现象已经被诟病多年。探究其中的原因，离不开街道—社区管理体制的影响。鉴于此，一些城市尝试对这种管理体制进行改革，思路基本上有两种：一是取消街道，建立大社区，增强社区活力，提升社区服务功能；二是在不改变街道－社区体制的前提下进行内部结构优化，一方面让各类资源下沉社区，另一方面弱化街道对社区的行政管理功能，在放管服改革中还权于社区。现在看，这两种改革思路既各有特点又都有其局限性，在实施过程中也都出现了一些问题。我国社区治理结构优化非常困难的根源在于社区是国家和社会关系投射、行政链与社会链双重链条互嵌且社会链条依附于行政链条，"社区的工作职能设置与工作任务基本上是围绕着上级行政链条传递的任务、政策进行构建"[①]。社会链条受制于行政链条并被行政链条阻断、弱化，导致社区治理结构中行政性力量占据绝对的压倒性地位。

2. 从横向角度看，现有的治理结构内部力量的非均衡性是一个极为突出的问题。党委、政府发挥社区治理的核心领导作用，社会力量发挥社区治理的协同作用，居民积极参与，构成了社区治理的理想化模式。这种结构既能有效地容纳不同的利益主体，充分反映其意愿和要求，又能恪守边界、各尽其责。按此模式反观现实，现在的社区治理存在着较多问题，突出的问题有两个：一是政府的手伸得太长，什么都想管，结果是政府功能失灵；二是社区自治能力弱，自我管理、

---

① 朱静辉：《双重链条与耦合治理：社区治理结构的一个分析框架》，《宁夏社会科学》，2018年第4期，第156–163页。

自我教育、自我服务的功能发挥得不好。一个过强,一个过弱,必然导致治理结构失衡,运行起来难免出现这样或那样的问题。

3. 重构社区治理结构。在中国特色社会主义进入新时代的背景下,推进社区治理,必须对社区治理结构动大手术,小手术式的简易疗法解决不了沉疴。为此,我们要以问题为导向,重构社区治理结构。一是对街道－社区管理体制进行改革,遵循的基本思路是弱化街道权力、强化社区功能、实行清单式治理;二是补足短板,加快社会力量的培育,增强社区治理的内生动力,使社区治理结构科学化,为社区治理现代化奠定良好的基础。

(三)新机制

推进社区治理创新,实现新旧动能转换,必须构建新的社区治理机制。这是因为传统的机制建立在管理的需求基础上,是为社区管理服务的,不能完全适应社区治理的要求。新机制内容很多,目标指向、任务、重点工作既有共性也有地域性、差异性。我们可以按照治理内容和任务的特点,将其分解为三个机制:决策机制、监督机制、执行机制;也可以按照服务需求,将其分为服务发现机制、回应机制、评价机制等;还可以按照主体参与特征,将其分为正式参与机制、非正式参与机制等。下面,本文重点阐述决策机制、监督机制和执行机制的创新。

1. 决策机制创新。所谓的决策机制创新,就是解决社区治理中谁说了算、通过何种途径和方式才能说了算的问题。现代社区治理要求决策民主化,充分体现社区民意、民声。这是决策机制创新的方向和发展趋势。按照《中华人民共和国城市居民委员会组织法》第十条之规定,"居民会议由居民委员会召集和主持。有五分之一以上的十八周岁以上的居民、五分之一以上的户或者三分之一以上的居民小组提议,应当召集居民会议。涉及全体居民利益的重要问题,居民委员会必须提请居民会议讨论决定。居民会议有权撤换和补选居民委员会成员"。实践中,由于召集社区居民会议存在一定困难,所以各地探索出社区居民代表大会制度,将社区居民代表大会与社区居民会议同等对待,对社区居民代表大会的代表人选资格、条件、任期、大会程序等都有做出了详细规定。这是一种重要的决策机制创新。如果将眼界放宽,社区治理的主体不光有社区居民,还有社区党组织、社区社会组织、各类驻区单位等。这些主体在社区治理决策中发挥了哪些作用、通过何种途径发挥作用,是新时代社区治理要着力破解的难题。一些地方探索出的社区大党委制度——区域化党建,实质上就是一种决策机制创新。大党委容纳了社区各个层次的党组织,为发挥党的领导核心作用闯出了一条新路。另外,在社区层面,如何将党组织的要求与居民的意见统一起来,也需要不断创新。进一步说，党的意志和人民的意志是统一的，二者是无法割裂的；但在具体的微观层面上，一个社区党组织的决策可能与居民的要求不完全合拍，现实生活中不乏这样的事例。

2. 监督机制创新。谁来监督决策落实？从法律角度讲，社区居委会是执行机构，负责落实居民大会或者居民代表大会形成的决议、决定，社区居委会向其报告工作，这赋予了社区居民大会或者社区居民代表大会的监督职能，但会议的周期长，条件有严格限定，无法做到经常化、常态化。因此，如何使监督工作常态化成为社区治理机制创新的一个新课题。中共中央、国务院制定的《关于加强和完善城乡社区治理的意见》提出建立健全居务监督委员会、推进居务公开和民主管理的要求，指明了未来一个时期监督机制建设的重点和方向。一是建立居务监督委员会。显然，这一条针对的是实际工作中将决策机构和监督机构混为一谈的现实，通过决策、监督分离构建具有日常居务监督职能的机构和运行机制。二是推进居务公开。公开透明是有效监督的前提，没有公开就难以开展监督。对于居务公开的内容，各地规定不一致，但都包括了以下几个共性内容：政务类公开，如低保、补助、计划生育等与居民利益密切相关的各项政策；居务类公开，包括居委会组成人员、工作职责、待遇，年度工作计划，计划完成情况等都要公开；财务类公开，主要是预算及执行情况要公开；服务类公开，指居民关注的热点、难点问题如楼道整修、停车、物业收费等要公开；专项公开，如社区党组织服务群众专项开展情况、社区协商议事结果等要公开。此外，居务公开的程序、时间、方式也是居务公开的必然选项。三是民主管理。民主管理是监督的重要形式之一。管理有了民主性，就可以避免少数人暗箱操作，使社区事务置于多数人的监督之下。当下，社区民主管理方式、内容、评价已经成为社区民主管理改革需要探索的内容。

3. 执行机制创新。社区居委会是最重要的社区执行机构，社区决策落实者角色不可替代。如前文所述，社区居委会承担了过多的行政指令性任务，"协助"变成了"必须"，作为自治组织，它很难将更多的时间和精力放在社区自治事务上。当然，问题的根源不在社区居委会不履职尽责，而是现行的管理体制逼迫社区居委会必须这样做；否则，就会带来一系列的不利后果。为社区居委会扩权减负成为当下改革的一个热点。如果说社区居委会是一个总的执行机构，那么，下面还有一些次级执行机构，这些次级执行机构有的是专业性的如社区基金会，有的是混合性的如社区居委会、企业、居民、公益组织共同参加的理事会、议事会等机构。落实理事会决定或议事会决定，社区居委会起牵头组织作用，但不是唯一主体,其他机构人员甚至居民代表都是其成员,在执行中也可发挥作用。如此,我们就可以清晰地认识到,执行机构及其运行机制变革应循着两条路径展开:一条是围绕着社区居委会进行,为社区居委会赋权减负,还社区居委会本来面目;二是构建更多的次级执行结构,打造一主多辅的执行网络并探索建立高效运行机制。

(四)新载体

社区治理创新必须构建新的载体和平台,通过搭建新载体和新平台,为各个主体参与社区共治创造条件。社区居民代表大会、业主委员会等都是治理的载体,发挥着重要作用。以广州番禺区为例,高楼大厦增多,电梯管理维修问题随之而生。广州番禺以电梯维修管理为议题,组建涉梯事务委员会,设立议事场所,完善电梯事务协商机制,一步一步地推进社区民主化治理。[①]

新载体和新平台建设需要注意以下几点。

1. 以问题为导向。从问题出发,在寻找解决问题的途径和办法的过程中搭建新载体、创建新平台。这就是说,新载体、新平台的建设不是凭空想象的,必须建立在对某一个突出矛盾化解的过程中。问题必须是真问题而不是伪问题,问题应是客观存在的,且居民意见较为集中。

2. 与信息化建设紧密结合。平台和载体既可以是现实的也可以是虚拟的,它们可以通过线上线下相互连通。有的社区,通过建立掌上社区打造互联网为基础的治理平台取得了很好的效果。这说明平台和载体创新与信息化结合起来效果会更好,可以作为一个重要经验推而广之。

3. 对老旧平台和载体进行改造。创新社区治理载体和平台,不意味着原有的载体和平台可以弃之不用,而是要根据社区治理的发展新要求对老旧平台和载体进行改造,增添新内容,拓展新话题,完善新机制,即通过改造使之承载更多的治理功能。

(五)新环境

社区治理创新必须有新环境。新环境是一个大概念,内涵丰富,外延很大,种类繁多,如政策环境、制度环境、法治环境、文化环境、信息环境等都是社区治理的环境要素及组成部分。如果进一步划分,社区治理环境还可以分为宏观环境和微观环境。新环境要求对宏观环境和微观环境都要优化。

1. 政策环境。要根据社区治理的新要求,解放思想,抓紧调整不合时宜的

---

① 破解"旧楼加装电梯"难题尽快建立"一站式加装服务"(http://www.sohu.com/a/227219946_161794,2018-12-25).

各类政策,着力解决各类行政机构纷纷插手社区治理事务使社区两委不堪重负的困境。

2. 法治环境。依法推进社区治理是建设法治国家的必然要求。优化法治环境,主要解决社区治理主体法治意识淡薄问题以及遇事不找法而找人的习惯。要努力培养社区治理主体依法办事的思维和习惯,使法治观念深入人心。

3. 制度环境。制度是社区治理的凭借。制度不仅是社区治理的基础,也是社区治理体系现代化的应有之义。改善制度环境要求解决的主要问题有:制度僵化、滞后,不适应现实需要;制度不健全,制度缺位,应该有的没有;制度缺少系统性,政出多门,各敲各的鼓,各唱各的戏,难以形成合力。优化制度环境要重点解决这三方面的难题。

4. 文化环境。文化是软实力,在国家和社区治理中具有不可替代的作用。文化决定了人的价值取向和行为模式,社区治理中发现的陈规陋习都与文化有关。所以,优化文化软环境,必须以社会主义核心价值观为指导,全面加强社区文化建设,开展丰富多彩的文化活动,群策群力制订好居民公约,增强社区居民主人翁意识,强化社区居民的心理预期,提升他们的社区归属感。

5. 信息环境。互联网时代,信息对社区治理的影响越来越显著。智慧社区的出现改变了传统的社区治理方式,为社区治理现代化增添了腾飞的翅膀。加强社区信息环境建设,就是要以营造智慧社区为目标,加强信息化的软、硬件建设,完成社区的信息化改造,通过线上线下的信息互动助推社区治理创新。

三、社区治理创新需要有新路径

创新是构建新动能的唯一正确选择。唯有创新,才能促进新动能的发展,才能为社区治理的可持续发展提供强有力的支撑。社区治理创新,不是肆意而为,而应遵循规律、循序渐进。

(一)引导居民合理需求

居民需求是决定社区治理的最重要因素,是推动社区治理改革最强大的动力。在社会分层愈加细化甚至固化的今天,社区居民需求呈现多样化和层次性特点。对此,我们必须有清醒的认识。同时,我们也应该看到,每一个时代,每一个时期,社区居民的需求有合理的也有不合理的,理性声音和非理性声音并存。有的需求,经过努力很快就可以得到满足;有的需求则需要条件,有的条件暂时不具备,需要长期奋斗才能实现;有的需求,看起来是合理的,但条件不具备,无论怎样努力都不可能实现。如有的社区因为经济条件好,年终岁尾发放数量可观的现金,临近社区居民提出同样的要求,社区无法满足,居民便联名上访,街道办事处也左右为难。这样的事例在现实生活中不是个案。这告诉我们,面对社区居民的需求,我们既要仔细区分、评估又要加强引导,使居民的诉求预期更加合理、更加理性。当前,这方面的工作相对滞后,我们往往过多地强调要满足居民的需求,但如何引导居民形成合理的诉求,工作力度不够,投入精力也不足,甚至很多社区、街道都忽略了这一点。引导居民需求,不是简单地做好政治思想工作,而是要形成正确的舆论导向和氛围,帮助居民提高认识水平,防止走偏、错位。比如,根据调查,在医疗、保健、理财等方面上当受骗的老年人比例最高,原因何在?一方面,老年人有健康保健需求和理财愿望,这些都是合理的,但由于引导不够,缺乏有效的教育、预防机制,致使骗子屡屡得手。再如,有的社区居民沉溺迷信而难以自拔,有的居民赌博上瘾等,这些不良需求都与教育引导缺失有关。

新时代居民需求的一个明显变化是对民主、法治、公平、正义的关注越来越高,这是有利于社会进步的好事,但将其变为现实需要脚踏实地开展工作。在社区治理中,我们必须向居民讲清楚,这些需求不能一蹴而就,需要积极探索甚至犯一些错误。对居民这方面需求我们既要倾听,又要在工作中强化教育、引导,使居民形成合理的心理预期,这样才能使居民的合理需求逐步得到满足,并为社区治理提供强劲动能。

(二)加快社区社会组织培育、发展

社区社会组织是社区治理新的增长极,在社区治理中发挥着日益重要的作用。民政部于2018年1月发布的《关于大力培育发展社区社会组织的意见》提出,力争到2020年使社区社会组织的培育发展初见成效,实现城市社区平均拥有不少于10个社区社会组织、农村社区平均拥有不少于5个社区社会组织的目标;再过5到10年,社区社会组织管理制度更加健全,支持措施更加完备,整体发展更加有序,作用发挥更加明显,成为创新基层社会治理的有力支撑。这是从国家层面开始重视社区社会组织的鲜明反映,表明社区社会组织作为新的成长性很强的治理主体得到高度重视。

社区社会组织是社会组织的重要组成部分。关于什么样的社会组织属于社区社会组织,学术界没有给出统一的意见。有人认为,社区社会组织是由社区组织或个人在社区(镇、街道)范围内单独或联合举办的、在社区范围内开展活动的、能满足社区居民不同需求的民间自发组织。民政部给出的权威定义为:社区社会组织是由社区居民发起成立,在城乡社区开展为民服务、公益慈善、邻里互

助、文体娱乐和农村生产技术服务等活动的社会组织。理解这个界定,要把握好三点:第一,社区社会组织不等于社会组织,只是社会组织的一个组成部分;第二,社区社会组织的生存及活动开展依赖于社区,这是社区社会组织的最重要特征之一;第三,社区社会组织提供多样化服务。至于社区社会组织究竟由谁来举办,这一问题并不重要。

由于统计上的困难,我国目前有多少个社区社会组织尚无确切数字,学者的估计也存在较大差别,有的估计为300万,有的估计为800万。从民政部191号文件看,我国社区社会组织数量较少是一个事实;否则的话,就不会规定每个城市社区社会组织发展的数量指标。我国社区社会组织有的是依法注册或备案的,但有相当数量的既不注册也不备案,以草根状态活跃于社区。根据民政部的要求,以现有的11万社区居委会为依据进行预测,到2020年,我国社区社会组织总量不少于110万家;也就是说,目前我国合法的社区社会组织数量还不足100万个。这与先进国家相比,尚有较大差距。这种差距不仅在总量上有所反映,在政策支持体系上更为明显,如缺乏完备的制度保障体系、资金来源渠道单一、自身能力比较弱、参与不足等[①]。

培育发展社区社会组织要着力做好以下工作。

1. 制订发展计划。按照民政部191号文件规定,很多省、市、自治区如上海、山东等都出台了相应的意见,提出了发展目标和具体举措。这是非常有必要的。只有目标明确了,行动才能有方向,举措才能更有针对性。

2. 完善政策支持体系。培育与发展社区社会组织离不开政策支持,如财政政策、人才队伍建设政策等,这些都是发展社区社会组织所必需的。当下,完善政策支持体系要抓住重点强力推进。一是加大财政投入。社区社会组织规模小、生存能力弱、资金来源渠道单一,亟须政府大力支持;方式可以多样化,如购买服务,给予社区社会组织补贴、奖励等。对社区社会组织,政府一定要做到扶上马再送一程。二是在队伍建设上给予倾斜,如优先购买社工岗位、对业务骨干免费培训、加快引进社区社会组织领军人才、对社区社会组织人才队伍建设规划给予具体指导等。三是利用好孵化基地,着力培育社区社会组织。要借助孵化基地的便利条件,结合社区居民的实际需求,制定社区社会组织孵化目标,力争在最短的时间内孵化出更多的社区社会组织。四是为其发展壮大创造条件,如搭建参与社区治理的平台,使社区社会组织有更多的机会参与社区治理。

[①] 袁明:《政府购买背景下社区社会组织发展的现实困境与路径选择》,《未来与发展》,2018年第9期,第38-42页。

3. 将社区社会组织发展纳入领导业绩考核。引起领导重视从而加大投入的必要条件之一，就是将社区社会组织发展目标纳入领导业绩的考核体系，将目标完成情况纳入其考核内容；完不成目标的，要扣分甚至问责。这样，领导就会高度重视，政策支持力度就必然会加大。

（三）推进社区治理结构优化

良好的社区治理必须有科学合理的社区治理结构做保障。目前，我国新的社区治理结构正处在探索、形成时期。随着新的动能培育，社区治理结构优化的迫切性日益凸显。

1. 权力结构必须重塑。社区治理结构优化既是利益的调整，更是权力结构的重塑。权力定位必须与责任相符合，与社区治理科学化、精细化要求相适应。权力优化不是简单的权力加减法，而是使权力配置更合理，运行更顺畅、更有效率。实现社区治理权力结构优化，一是明确党的领导核心作用如何发挥、如何体现；二是合理确定各个权力主体的责任和行动边界，使之既能相互配合又能分工明确、各尽其职。

2. 利益结构必须重新调整。利益结构调整就是利益关系的重塑。党的十九大报告对于各个利益主体在社会治理新格局中的定位作了原则性的规定。将这一规定落实到位，需要不断加大探索力度，因为利益结构的调整是一场深刻革命，会遇到很多的阻力和障碍，必须全力推进。

（四）营造社区共同体意识

社区共同体意识"就是社区成员在长期、稳定的共同生活中形成的共同的心理认同感、归属感以及自我身份的确立（个体对自身在社区中的角色、责任和义务的认知），这是维系社区团结和凝聚力的精神纽带，是社区赖以存在和发展的灵魂"[1]。现代性的扩张解构了社区共同体意识，给社区治理带来了很多不利影响。培育新动能，要求我们必须高度重视社区共同体意识的营造。

1. 搞好社区动员，提高社区居民参与度。社区居民对社区事务参与度越高，越有利于增强社区的向心力和凝聚力。提高社区居民参与的积极性，必须以利益为纽带，通过广泛深入的社区动员，发动越来越多的群众主动关心社区、参与社区生活。

2. 提高社区服务质量。为社区居民提供优质服务不仅有利于提升居民的满意感、安全感、幸福感，而且有利于加强社区共同体意识建设。一是建立居民

---

[1] 王亮：《社区意识——社区共同体的灵魂》，《广西社会科学》，2006年第4期，第25页。

需求的回应机制,及时对居民的合理需求作出反应;二是建立多元服务供给机制,满足多层次的服务需求;三是建立社区居民服务绩效评价机制,突出居民满意率这一核心指标。

3. 加强社会主义核心价值观教育。通过典型引路等方式,弘扬正能量,不断提高社区居民的思想道德意识和水平,营造积极向上、文明和谐的社区文化氛围。

(五)推动社区治理的文化变迁

文化历来被看作社会变迁的刺激因素之一,社会重大变革时期文化的作用更加突出。党的十八大报告指出,要"发挥文化引领风尚、教育人民、服务社会、推动发展的作用"。社区文化作为社区建设的重要社会资源,是指社区居民在长期的共同生产和生活过程中自发产生和形成的并为社区居民广泛接受并分享的思想价值观念和行为规范的总和。[①] 社区文化是推进社区治理的软力量,具有润物细无声的特点。社区文化不仅可以提高社区居民的共同体意识、强化社区共识,而且可以促进社会资本建构、提升居民的认同感、增强社区团结。另外,社区文化还可以培育社区公共意识,提高社区文明水平,营造民主协商氛围,推动社区自治。[②]

社区文化之所以具有这些作用,是因为"社区文化包含着教化、引导、规范、沟通、动员等功能"[③]。

1. 社区文化的困境需要通过社区文化复兴运动来破解。社区文化对于推进社区治理作用突出,但是目前的社区文化还不能适应社区治理的需要,主要表现在社区文化资源投入不足、缺少专业性文化人才、产业资本进入社区比较困难等。社区文化的缺乏造成了很多负面影响,直接表现为社区居民参与力度低、积极性不高,推进社区治理转型的精神动力较弱。这种状况迫切需要社区文化复兴,通过社区文化的重建增强社区治理的内生动力,为社区可持续发展奠定基础。

2. 社区文化复兴的路径选择。我们可以将现阶段的社区文化变迁视作社区文化复兴运动,目的在于通过社区文化复兴,让社区真正成为广大社区居民的精神家园。如何推动社区文化复兴?有的学者给出了答案,如"利用社区现有的

---

① 郑杭生、尹雷:《"社会互构论"视野下的 城市社区文化建设刍议——基于南海的案例分析》,《学习与实践》,2014 年第 5 期,第 105 页。

② 万仁德、李欣:《文化建设与城市社区治理》,《江汉大学学报》(社会科学版),2017 年第 6 期,第 65—67 页。

③ 汤卢芸、徐翀:《论社区治理中的社区文化建设》,《四川劳动保障》,2017 年第 52 期,第 58 页。

物质文化、制度文化和精神文化来促进社区修补,通过社区空间网络修补、治理网络修补和社会网络修补来实现社区文化修复"①。这是一种有益的思路。结合我国社区文化实际,从推进社区治理创新的视角出发,我们应该着力做好以下几项工作。

一是重塑睦邻关系。19 世纪 80 年代,英国曾经针对社区人情冷漠的问题开展了"社区睦邻运动",取得了显著效果。我国也需要开展这样的运动。一方面,社区异质化现象越来越突出,邻居之间相近不相闻,造成社区的整体性冷漠;另一方面,我国是高情商国家,远亲不如近邻,重视邻里交往是中华优秀传统文化的重要内容。青岛市开展的"好邻居"节活动,促进了社区居民之间相互熟悉,使邻里关系变得融洽,其做法和经验值得推广。

二是重建公共生活。不太重视公共生活秩序是我们民族文化的缺陷之一。社区既然是居民的社会生活共同体,就必须倡导公共生活,让大家习惯维护公共生活秩序、学会怎样过公共生活。比如,可以从文明养宠物入手,也可以从垃圾分类开始,一点一滴地改变居民对公共生活的态度,培育社区居民的公共精神。

三是建立社区文化共享机制。社区居民、社区社会组织、住社区单位等应共同参与社区文化建设,共享文化建设成果。

---

① 黄瓴、周萌:《文化复兴背景下的城市社区更新策略研究》,《西部环境人居学刊》,2018 年第 4 期。

第九章 >>

社区治理发展趋势

目前,我国进入城镇化快速发展期,城镇化率从 1978 年的 17.9% 提高到 2017 年的 58.5%,城镇常住人口也从 1.7 亿人增加到 8.1 亿人。这意味着城市社区人口快速增长,城市社区治理的任务日益繁重。伴随着改革开放,我国社区治理已经走过了 40 多年的风雨历程。40 多年来,我国城市社区不断发展壮大,社区治理不断向广度和深度拓展,社区治理现代化的制度体系日趋健全,社区治理的规范化、精细化、标准化、信息化特征不断凸显,社区正在成为和谐有序、绿色文明、创新包容、共建共享的幸福家园。

一、社区治理取得的显著成效

(一)基本框架初步建成

我国的社区治理起步于 20 世纪 80 年代,2000 年国家提出社区建设的概念并将社区建设纳入经济社会发展的内容。党的十八届三中全会以来,党和国家更加重视社区治理工作。2017 年《中共中央国务院关于加强和完善城乡社区治理的意见》以及党的十九大报告中关于加强社区治理体系建设的重要论述[①]为社区治理构建了一个基本的框架。正如习近平总书记在谈到我国改革的成就时所指出的,国家治理的"四梁八柱"已经搭建起来。从现实情况看,作为国家治理基础的社区治理,其治理架构已初步形成。社区治理多元主体化、社区治理手段现代化、社区治理载体信息化等,这些事关社区治理成效的框架体系纷纷建

---

① 十九大报告提出,加强社区治理体系建设,推动社会治理重心向基层下移,发挥社会组织作用,实现政府治理和社会调解、居民良性互动。习近平:《决胜全面建成小康社会 夺取新时代中国特色社会主义伟大胜利》,人民出版社,2017 年,第 49 页。

立,这是我国社区治理顶层设计取得的重大成绩,为城市社区治理有序发展奠定了必要的基础。

(二)社区治理的制度体系日趋完善

社区治理本质上是制度治理,通过制度的完善实现社区治理的科学化、法治化、规范化。目前来看,社区治理的基本制度规范体系已经建立,通过政策特别是法律、法规、规章等构成了整套有关社区治理的制度、规则安排。

1. 《中华人民共和国宪法》(2018年修正)。该法第一百一十一条规定:"城市和农村按居民居住地区设立的居民委员会或者村民委员会是基层群众性自治组织。居民委员会、村民委员会的主任、副主任和委员由居民选举。居民委员会、村民委员会同基层政权的相互关系由法律规定。居民委员会、村民委员会设人民调解、治安保卫、公共卫生等委员会,办理本居住地区的公共事务和公益事业,调解民间纠纷,协助维护社会治安,并且向人民政府反映群众的意见、要求和提出建议。"此条规定了社区居委会的性质和基本职能、任务。

2. 《中华人民共和国城市居民委员会组织法》。该法进一步明确了居委会的性质和任务:"居民委员会是居民自我管理、自我教育、自我服务的基层群众性自治组织。"社区居委会共有六项任务,分别是:宣传宪法、法律、法规和国家的政策,维护居民的合法权益,教育居民履行依法应尽的义务,爱护公共财产,开展多种形式的社会主义精神文明建设活动;办理本居住地区居民的公共事务和公益事业;调解民间纠纷;协助维护社会治安;协助人民政府或者它的派出机关做好与居民利益有关的公共卫生、计划生育、优抚救济、青少年教育等项工作;向人民政府或者它的派出机关反映居民的意见、要求和提出建议。该法对社区居委会的组成人员及其产生办法做了原则性规定。该法目前是我国城市社区治理的重要法律依据。

3. 《中共中央国务院关于加强和完善城乡社区治理的意见》(2017)。该意见提出了新时期加强和完善城乡社区治理的指导思想、原则、任务,对如何完善城乡治理体系、提升城乡社区治理水平、补齐短板等提出了具体的、有针对性的指导意见,是目前我国城乡社区治理的纲领性文件。

4. 《物业管理条例》(2007年8月公布,2018年3月进行修改)。《物业管理条例》是第一部为规范物业管理活动,维护业主和物业服务企业的合法权益,改善人民群众的生活和工作环境而制定的法律条例,对业主、业主委员会与物业公司之间的权利与义务关系做了明确规定。

5. 《民政部关于大力培育发展社区社会组织的意见》(民发〔2017〕191号)。

该意见以行政法规的形式,首次对社区社会组织做了界定,指出社区社会组织"是由社区居民发起成立,在城乡社区开展为民服务、公益慈善、邻里互助、文体娱乐和农村生产技术服务等活动的社会组织"。社区社会组织在社区治理中有四项功能:提供社区服务、扩大居民参与、培育社区文化、促进社区和谐。

6.《关于政府向社会力量购买服务的指导意见》(国办发〔2013〕96 号)。该意见对于社区治理中进一步规范政府与社会力量之间的关系,发挥社会力量协同作用提供了现实依据和必要支持。

7.《社会工作者国家职业标准》《关于开展社会工作人才队伍建设试点工作的通知》《社会工作者职业水平评价暂行规定》和《助理社会工作师、社会工作师职业水平考试实施办法》等。这些规定和办法为社工在社区治理中发挥作用创造了有利条件。

8.《中华人民共和国慈善法》(2016 年 3 月 16 日第十二届全国人民代表大会第四次会议通过)。该法对慈善组织与慈善活动进行了规定,是指导公益慈善活动的基本法律依据。

9.《关于加强城乡社区协商的意见》(中办发〔2015〕41 号)。该意见对城乡社区协商作出整体部署,要求将城乡社区协商贯穿于党组织领导的充满活力的基层群众自治的全过程中。这是新时期中国共产党治国理政的一项新的制度安排,为有序开展社区协商奠定了基础。

在地方层面,地方党委政府也出台了很多配套政策和地方性法规、规章,形成了形式多样、具有地方特点的治理框架体系。以上海市为例,作为我国社区治理的先行者,上海市在构建现代社区治理体制机制工作方面走在了全国前列。早在 2014 年,上海市就将创新社会治理、加强基层建设列为年度头号课题,制定并出台了《关于进一步创新社会治理加强基层建设的意见》以及深化本市街道体制改革、完善居民区治理体系、完善村级治理体系、组织引导社会力量参与社区治理、深化拓展网格化管理提升城市综合管理效能、加强社区工作者管理等 6个管理办法,在全国产生了很大的影响。

(三)社区治理模式走向多元化

由一元走向多元是我国社区治理模式发展的基本趋势之一,其原因在于:一方面,多元合作治理成为新时代社区治理的基本形态;另一方面,我国各地经济社会发展的差异性要求社区治理不能套用同一个固定模式,必须走差异化道路。这两个因素决定了我国当下社区治理模式一定是多元化的。有的学者提出将我国的社区治理分为三种模式:行政化社区治理模式、合作型社区治理模式和自治型社区治理模式。这三种模式各具特点。有的学者认为,我国社区治理出现了四种形式:政府主导模式、市场主导模式、社会自治模式和专家参与模式。政府主导模式是主流模式,其制度优势明显,但不足之处在于居民参与不足、社区缺少活力。市场主导模式下资源配置能力强、发展潜力较大,但也存在着市场失灵等问题。社会自治模式最符合居民自治原理,但缺少资源支持、最难操作、遇到的困难最多。专家参与模式由于有专家的外力支持,在制度设计、顶层设计等方面有优势,但是容易产生外部依赖性。[①] 有的学者论述并比较了政社合作、行政主导以及多元共治三种模式的优缺点,认为行政主导模式效率高、能够实现短期管理目标,但最大的不足是抑制了居民自治能力和活力;政社合作模式的优势"在于促进了社区居民参与和社会组织发展,成功解决了公共财政资金的分配渠道"[②],不足之处在于治理成本高,面临评估形式化和公共资金收缩的风险;多元共治模式主要形成在市场改革较早、经济较为发达的珠三角地区,它综合了前两种模式的优点,是一种值得学习和推广的模式。有的学者结合互联网发展提出了"互联网 + 社区治理"模式,对该模式的内涵进行了分析,指出"互联网 + 社区治理"是"在社区治理的实施过程中,依托系列治理理论,遵循治理的科学思路,把互联网融入社区治理机制当中,设计一套科学合理的现代化社区治理流程,以满足社区多样化的需求,减少社区治理存在的多种问题,从而提高社区治理效能"[③]。还有的学者根据目前社区治理改革实践,提出了一种新的模式:清单式治理模式。该模式没有从主体之间的关系而主要从治理方式角度进行分类。清单式治理模式提出者认为,该模式"主要有两种清单类型:城市政府治理清单(包括权责清单和负面清单)和社区自治清单(包括社区事务准入清单、社区法定职责清单和社区公共服务清单)。清单式治理模式契合了城市社区精细化治理的需要,发挥着限权、定责、划界的功能。清单式治理模式在城市社区治理实践中得到了有效的运用,发挥了一定的功效,但也面临着一定的问题"[④]。

---

① 葛天任、李强:《我国城市社区治理创新的四种模式》,《西北师大学报》,2016 年第 6 期,第 5 页。

② 葛天任:《改革开放以来中国社区治理的实践探索与理论思考》,《中国民政》,2018 年 19 期,第 25 页。

③ 李颖、孙雪:《社区治理的"互联网 +"模式构建》,《中共山西省直党校学报》,2016 年第 1 期,第 40 页。

④ 叶良海、吴湘玲:《清单式治理:城市社区治理新模式》,《学习与实践》,2018 年第 6 期,第 14 页。

（四）社区治理人才队伍结构不断优化

社区治理最关键的要素是人，人是决定性因素。社区治理离不开数量众多的高素质的社区工作者。社区工作者队伍包括两大类人群：一是社区工作者，如社区居委会书记、主任、成员，楼道小组长等；二是专业社工。前者是社区治理人才队伍的主体，后者是重要的补充力量。社区工作者因待遇过低、专业性不强、年龄老化、学历偏低等问题受到关注。专业社工因为其专业技能在很多国家受到重视，待遇高，社会信誉好。在我国，专业社工虽然年轻化、知识化、专业化优势突出，但待遇过低、社会地位不高，导致流动性大、稳定性不高、吸引力不足，这严重影响了社区治理健康有序的发展。目前，国家正在从顶层设计层面着力解决这个难题。一方面，通过定期换届选举使社区两委组成人员逐步年轻化，学历层次不断提升，通过选派第一书记等方式帮助解决薄弱党支部、薄弱社区问题，通过"三支一扶"选拔优秀大学生进入社区补充新鲜血液，通过强化对社区两委人员以及社区骨干的培训提高其知识和业务水平。对于专业社工，国家也出台了专门意见、规划和配套政策。2011年11月8日，中央18个部委和群团组织发布《关于加强社会工作专业人才队伍建设的意见》，提出了当前及今后一个时期加强社会工作专业人才队伍建设的目标任务：要大规模开展专业培训，大幅度提升现有从事社会服务人员的专业素质和职业能力，逐步扩大社会工作专业人才队伍规模；深化社会工作专业教育改革，完善社会工作专业培训体系，初步形成适应我国国情的社会工作专业人才培养模式；逐步建立社会工作专业人才培养、选拔、使用、流动、评价、激励等方面的政策法规体系；着力加强中国特色社会工作专业人才理论研究和宣传普及，提升社会工作专业人才的认知度和认可度；加大社会工作专业人才使用力度，形成各地各部门共同推进社会工作专业人才队伍建设的总体态势。"到2020年，建立较为完善的社会工作专业人才队伍建设运行机制和工作格局，使社会工作专业人才队伍的数量、结构和素质能力适应构建社会主义和谐社会的需要，满足广大人民群众不断增长的服务需求。"2012年4月，中央组织部、中央政法委、中央编办、国家发改委、教育部、公安部、民政部、司法部、财政部、人力资源和社会保障部、文化部、卫生部、国家人口计生委、国家信访局、国务院扶贫办、全国总工会、共青团中央、全国妇联和中国残联等19个部委和群团组织联合发布了《社会工作专业人才队伍建设中长期规划（2011—2020年）》（以下简称《社工规划》）。《社工规划》提出，到2020年，我国一线社会工作专业人才总量增加到145万人，其中中级社会工作专业人才达到20万人、高级社会工作专业人才达到3万人。2016 年,民政部发布了《关于加强和改进社会组织薪酬管理的指导意见》(民发〔2016〕101 号)。这是我国社会组织人才队伍建设工作的一个重要文件,将对当前和今后一段时间社会组织专业化、职业化建设产生重大而深远的影响。除了国家层面的顶层设计之外,各地也在改革中出台了很多文件,努力解决社工人才队伍建设难题。例如,《北京市社区工作者管理办法》提出"建设一支高水平的专业化职业化的社区工作者队伍,以适应新时期社区建设发展的需要"①;《安徽省"十三五"社会工作专业人才队伍建设规划》提出,到 2020 年,社会工作人才总量达到 6.7 万人,形成初、中、高级人才梯次结构的合理分布,逐步实现专业社会工作服务在城乡、区域和领域的全覆盖,省、市、县(区)三级社会工作行业组织体系初步形成。在各项政策的激励下,持证社工人数不断增加,重庆已超过 5 万人,厦门已超过 5 000 人,福建泉州已达 2078 名(占全省的15%)。青岛市市民政局的统计资料显示,截至 2017 年底,青岛市城乡社区、相关事业单位和社会组织等共开发设置了 1 100 个社会工作专业岗位,比 2016 年增加了 128 个。北京全市社会工作专业人才总量达到 6.15 万人,2.5 万人取得全国社会工作职业水平证书;其中,社区专职工作者近 3.5 万人,平均年龄39.1 岁,大专以上学历达到 90% 以上。河南社会工作专业人才,从 2010 年的3 994 人增加到 2017 年的 20 500 人。江苏获得全国社会工作者职业资格人数已达 4.27 万人,位居全国第二。

(五)社区治理的信息化水平日益提升

2015 年,李克强总理在政府工作报告中第一次提出"互联网＋"行动计划,以此为标志,"互联网＋"在社区治理中得到广泛应用。"互联网＋"的出现使社会治理与信息化的融合进入新阶段。② 在基层社区治理实践中,信息化与社区治理融合的现象非常普遍。一方面,我国信息化的迅猛发展为社区治理创新提供了有利条件。根据第 42 次《中国互联网络发展状况统计报告》显示,截至 2018 年 6 月 30 日,我国网民规模达 8.02 亿,互联网普及率为 57.7%,网络购物用户和使用网上支付的用户占总体网民的比例均为 71.0%。信息化已经成为居民的日常生活方式。另一方面,社区治理创新依赖信息化手段的广泛运用。很多社

---

① 陈丽英、李有杰:《十年磨一"建"——北京社会建设十年回顾与未来展望》,《社区》,2018年1月(上),第1页。

② 闵兢、张明珠:《"互联网＋"背景下的城市社区治理创新研究》,《改革与开放》,2018年第2期,第113页。

区都申请了 APP,建立了自己的微信群、公众号;有的社区还建立了专业化的信息管理系统,彻底改变了传统社区治理方式,重构了社区治理形态,不仅改变了社区治理方式,而且建构了社区资本的构成及运作形式,为社区治理创新插上了腾飞的翅膀。

(六)社区治理标准化越来越受到重视

标准化是推进社区治理现代化的重要内容,也是技术支撑体系。标准化有助于社区治理的规范化、精准化、效率化。社区治理标准分为强制性标准和推荐标准。前者是底线,必须遵守;后者是选项,可结合实际执行。在社区治理标准化方面,2016 年,国家民政部印发了《全国民政标准化"十三五"发展规划》。此规划提出:"在街道服务管理和城乡社区治理标准方面,着重开展街道综合管理与服务信息技术规范、街道全科政务服务规范、社区服务中心建设与运行、社区治理与服务评价、社区公共服务、社区信息化和智慧社区建设等标准研制。"可见,社区治理的标准是由多个子标准构成的标准体系,包括社区服务中心建设与运行标准、社区治理与服务评价标准、社区公共服务标准、社区信息化标准和智慧社区建设标准等 5 个标准。实际上,国家对有些标准特别是社区建设的硬件标准已经探索多年,并出台了相关规定,比较欠缺的是运行这样的软件标准。另外,与社区治理相关的单个领域事项标准正在深入推进。例如,2017 年民政部发布《社区社会工作服务指南》推荐性行业标准,这是继《儿童社会工作服务指南》《社会工作服务项目绩效评估指南》和《老年社会工作服务指南》后,民政部在社会工作服务领域发布的第四项推荐性行业标准。2018 年,全国首例社区治理标准化试点现场会在成都市温江区召开。温江区选取覆盖所有镇街的"18+1"个社区作为试点单位,建立了标准化与社治"双纳入、双联席"工作制度,构建形成"1234"社区发展治理标准化模式。温江区初步建立了全国首个涵盖党建、自治、管理、服务等基层社区内容的"温江区国家新型城镇化城乡社区发展治理标准体系"。①

二、社区治理面临的严峻挑战

社区治理是一项长期的、艰苦的工作,社区治理现代化本身也在不断发展演进。目前,我国已经进入新时代,社会主要矛盾发生了显著变化,现有的社区治

---

① 《全国首个社区治理标准化现场会召开"温江经验"受追捧》, https://baijiahao.baidu.com/s？id=1617030488330363717&wfr=spider&for=pc , 2018 年 11 月 29 日。

理体系还不能完全满足社区居民过上美好生活的期望,社区治理发展的不平衡、不充分特征较为明显。实现更高层次的供需平衡,必须推动社区治理的高质量发展,尽快形成优质、高效、多样化的社区服务供给体系。

(一)不平衡性

不平衡是我国经济社会发展长期存在的一个突出现象,这一现象在社区治理方面表现得更加明显。经济发达地区与经济不发达地区之间、同一个城市不同社区之间以及社区治理的体制建设要素构成方面都存在这样的问题。

1. 经济社会发展水平差异导致的社区治理区域性差异性明显。一般而言,社区治理水平的高低与经济社会发展水平成正比,东部沿海地区与中西部之比就是典型例证。2018 年,GDP 达到或超过万亿元的城市共有 17 个,12 个位于东部地区,占 70.59%,东部独占鳌头;3 个位于中部(武汉市、长沙市、郑州市),2 个位于西部地区(重庆市和成都市)。我国城市社区治理水平比较高的地区如上海市、杭州市、深圳市、广州市、厦门市、青岛市等都位于我国经济发达地带。经济发展水平高为社区治理高质量发展提供了充足的财力和人力、物力等保障。经济落后地区的社区治理也有先进典型,这也是事实,但就总量而言还是无法同经济发达地区相比。

2. 同一个城市社区治理水平也存在差异。以青岛市为例。作为我国重要的沿海开放城市和国家计划单列市,青岛市城市建设日新月异,社区治理也走在全国前列,但列入国家社区治理及服务创新实验区的仅有黄岛区、市北区两个区。2018 年国家民政部验收时,在青岛市市北重点现场查看了洛阳路街道商丘路社区、合肥路街道同德路社区。这说明即使在同一个市区,各个社区的治理水平也有先进与落后之差异。

3. 社区治理内部与外部构成要素之间不均衡性突出。社区治理的制度体系分为内部构成要素和外部构成要素,内部与外部构成要素之间以及每一个部分之间也存在非均衡性。

(1)内部构成要素与外部构成要素之间。内部构成要素包括主体、制度安排、运行机制等;外部构成要素较多,环境、文化、意识等都是外部要素组成部分。就社区治理的实际状况而言,内部要素与外部要素构成之间存在一定的差异性,二者非同步发展的现象比较突出。对于有的社区而言,可能内部构成要素比较充分,而外部要素有所欠缺;有的社区外部要素条件较好,而内部构成要素不充分。比较理想的状态是内外部要素供给相对均衡,但这种情况比较少见,不均衡是常态。

（2）同一结构不同组成要素之间也呈现不均衡性。例如，内部治理体系中，有的可能是主体发育不充分而强弱过于分明，有的可能是制度要素取向不同，有的倾向于管理与控制，有的倾向与自治与合作；运行机制的着力点不同，有的机制注重效率，有的机制更注重效益。外部评价要素之间分布排序也存在一定的差异性，有的注重居民评议，有的注重上级领导意见。

显然，不平衡既是事务发展的普遍规律，也是社区治理面临的重大挑战，需要通过全面深化改革逐步破解。

（二）不充分性

社区治理的不充分性是指符合社区治理现代化的治理体系不成熟，实践中各个治理主体之间关系未能完全理顺，治理的法治化水平不高，保障机制不健全，整体治理水平没有达到理想化状态。

1. 各个主体之间的关系未能得到完全理顺。按照党的十九大精神要求，在社区治理中，党委、政府、社会力量、居民等各个主体之间是合作关系，共同构成了多元治理结构。在现实生活中，这一关系正在形成但不充分。一是党委领导的作用没有得到充分体现。对党委领导大家在认识上没有异议，但在实践中存在的最大问题是党委领导体制机制的落实并不充分。在社区治理中，党委和政府之间的关系如何处理依然是一个需要破解的难题。同时，社会组织协同作用发挥也不充分。一方面我国社会组织总体力量薄弱，制约了作用的发挥；另一方面，制约社会组织发挥协同作用的因素还有很多，如政府购买服务的力度不够、社区提供的环境和条件还不充分、有的社区居委会对社会组织持怀疑态度有排斥心理等，这些问题限制了社会组织功能的发挥。居民参与社区治理是民主治理的必然要求，但一个显而易见的事实是，居民参与社区治理的积极性有待提升。从实践层面看，社区居民对社区事务的参与度普遍不高是一个难以否认的客观事实。社区居委会是自治组织，但行政性事务繁多，涉及基层选举、低保办理、经济普查数据统计、安全生产等许多方面，被称为"微缩版的政府"。社区居委会承担的考核指标、创建指标多。"上面千条线、下面一根针。"社区居委工作表现出很大的随意性和临时性。社区物业公司与业主委员会之间矛盾冲突不断，引发的案件呈现增多趋势；也就是说，在社区治理中，各个利益主体之间的合作机制正在建立过程中但成熟度不足。

2. 法治化进程滞后。法治化是现代社区治理的典型特征和基本要求。法治化的基本含义包括对法律的尊崇、敬畏及法律法规的健全等。就现实情况而言，在我国社会基层，法治在某些方面还相当薄弱，法治化发展进程遇到了许多障碍。一是法律滞后现象突出。《中华人民共和国城市居委会组织法》制定施行于1989年,现在时代环境已经发生了重大变化,该法律中规定的许多内容已经明显"过时"。二是契合的"立法"相对滞后。[1]许多事务处在无法可依的状态。对于基层来说,更多的是政策替代法律,用红头文件治理的现象比较普遍。三是法律实施效果有待提升。目前,在我国社会基层,以言代法、以权代法的现象依然存在。四是法治意识薄弱。良好的法治意识是依法治国的基础和保障,但在社区层面,社区干部和社区居民的法治意识薄弱依然是一个亟待解决的大问题,信领导不信法的现象经常出现,认为领导的说法就是法的错误观念还有相当大的市场。

3. 保障机制不健全。人力、财力、物力、信息资源是社区治理的重要保障。党的十八大以来,随着社会治理重心下移,政府对社区治理的投入逐步加大,这是一个可喜的变化。另一方面,从需求视角而言,目前的保障机制还有待加强。一是人力投入方面,社区居委会干部组成结构不合理、专业化程度不足、人员老化现象需要扭转;二是财力投入不够。社区事务多但社区权力小,中央提出的"权随事转""费随事转"的目标落实得不理想,很多地方打着改革的名义,将事务下移,但权力不下放、钱握在上面会使社区极为被动。在信息建设方面,近年来智慧社区建设方兴未艾,政府和社会投入力度逐渐加大,但真正达标的还是少数,有的或是投入不足,有的或是人才匮乏,导致有硬件但没有软件匹配。

三、推进社区治理发展的强大动力

社区治理创新是时代赋予我们的全新课题和使命。推进社区治理创新的动力机制来自新旧动能转换,来自社区治理的内生动力和外生动力的协同运作。

1. 内生动力。社区治理创新以及可持续发展必须有强大的内生动力做保障,由内部的自我需求提供源源不绝的推动力,促进社区治理向现代化转型升级。内生动力指的是源于社区自身的需求所生成的能量,这是社区治理的内生性源泉。内生动力强弱与社区治理绩效之间有着密切关系。内生力越强大,社区治理变革的动力就越充足,社区治理创新的力度就越大。内生动力的源头很多,其中最关键的是居民的需求,这是决定性因素。根据党的十九大报告的论述,我国已经进入新时代,主要矛盾是人民日益增长的美好生活需要和不平衡不充分发展之间的矛盾。在新时代,社区居民需求有了更高的标准和追求,如更好的居住环境、更安全的社会秩序、更高水平的养老和健康保障等。满足这些需求,必须

---

[1] 陈大为:《法治政府视阈下推进城市社区治理法治化研究》,《上海城市管理》,2018年第6期,第80页。

持续推进供给侧结构改革、改善供给结构和供给质量,而这又必然要求社区治理转型升级;如果固守传统的思维和模式,不致力于创新,就无法满足居民的新需要。其次,公共精神也是社区一种内生性力量。党组织、居委会、物业公司、业主委员会、居民、社区社会组织等都是催生社区治理创新的内部主体性力量。公共利益将不同的利益主体连接起来,它们之间的协同互助构成公共精神。塑造强大的公共精神,是推动社区治理创新的关键所在。在实践中,我们必须加强社区共同体意识培育,以社会主义核心价值观引领,形成社区共建共享的科学机制。

2. 外生动力。外生动力是相对于内生动力而言的,具有相对性、广泛性特点。政府顶层设计、相关政策和法治环境的营造等都构成了社区治理的外部因素,这些因素通过不同的方式影响着社区的治理创新。比如,政府的人力资源政策、物力信息、财政资源投入力度等对社区治理有显著的影响。再如,区、街道办事处、社区之间的关系对社区治理也有不可低估的作用。一般而言,优良的体制、机制有利于社区治理创新,落后的体制、机制会阻碍社区治理创新。

改革开放40多年来,我国社区治理的外生动力不断强化,中央的顶层设计日益完善,成为推动社区治理创新的强大动力。相关的政策供给能力不断提升,政策向好,环境不断改善,阻碍社区治理创新的体制、机制障碍逐渐被破解。党的十九大以来,在习近平新时代中国特色社会主义思想指引下,影响社区治理功能的三个机制即国家资源与权力配置机制、社区链接机制和社会合作机制初步形成。[1]

内生动力和外生动力并不是截然分开的,二者相互影响、相互促进。内生动力是内因,外生动力是外因,外因通过内因发挥作用。内生动力强,会对外生动力起到很好的推动作用,反之亦然。

四、党建引领社区治理创新

党建引领社区治理创新是新时代我国社区治理发展的最鲜明特征。习近平总书记在考察南昌光明社区时指出:"社区工作很重要,一是要抓好党的建设,使党组织真正成为社区的领头人,把各方面工作带动起来。二是要抓好服务,人民群众的事情就是我们的牵挂,要以问题为导向,力争实现各种服务全覆盖,不断满足百姓提出的新要求。"[2]党的十八大以来,按照党中央的要求,各地纷纷建立

---

[1] 王德福:《城市社会转型与社区治理体系构建》,《政治学研究》,2018年第5期,第7-8页。

[2] 《习近平:人民群众的事情就是我们的牵挂》,新华网,2016年2月3日,http://news.xinhuanet.com/politoces/2016-02-03/c-128000094,htm,2017年12月9日。

了党建服务中心或者党群服务中心,为社区党建提供了载体和平台。党建"同心圆"的政治引领功能和"连心桥"服务群众功能共同创造了一核多元和一核多能的社区治理和服务创新的全能架构。[①]

党建引领社区治理创新具有坚实的法理基础和现实指向性。中国共产党作为执政党的地位和政党性质决定了党的建设在社区治理中的特殊地位和功能。党建引领对于巩固党的执政地位,推动社区治理现代化具有重要意义。党的执政基础在基层,生命力在基层,通过基层社区党建充分发挥党组织的核心作用和党员的先锋模范作用,可以更好地赢得群众支持,从而夯实党的执政基础、巩固党的执政地位。通过党建引领,探索党建现代化与社区治理现代化的有机统一,对建立和谐文明的社区、满足群众过上美好生活的愿望具有重要价值。党建引领成为今后一个时期我国社区治理发展的新趋势。这表明"党建逻辑与城市社区治理逻辑变革具有耦合性和契合性"[②],"基层党建和社区治理在目标、主体、事务和制度上具有较高的整合性"[③]。另外,党建引领如果处理不当也会产生一定的负面影响,"政党逻辑主要使得社区治理的过程中其他方面的组织参与治理的渠道、方式和作用都是有限的"[④]。

发挥党建引领作用,要在路径创新上下功夫,"重点突出价值引领,推动城市社区自治不断深入","加强凝聚共识、资源整合与复合引领,不断推进党建引领社区共治"。

发挥党建引领作用,要将党建创新与社区自治和共治有效地衔接起来。党建要支持社区自治。在确保政治方向的前提下,街道党工委和社区党组织应该支持社区自治,发挥社区居委会的自治功能;同时,通过区域化党建、党群议事会等形式,将驻社区单位、社会组织共同融入社区治理架构中,形成党委一核引领下的聚力型治理结构。

发挥党建引领作用,要特别注意发挥社区治理中的协商民主等柔性民主决策机制的作用,凝聚共识,汇聚力量,构建以党建为统筹,自治、法治、德治相结合的社区治理体系。

---

① 曹海军:《党建引领下的社区治理和服务创新》,《政治学研究》,2018 年第 1 期,第 95 页。

② 叶本乾、万芹:《新时代党建引领城市社区治理的逻辑契合和路径选择》,《党政研究》,2018 年第 6 期,第 39 页。

③ 李青文:《党建引领下的城市社区治理机制研究》,《齐齐哈尔大学学报》(哲学社会科学版),2018 年第 5 期,第 36 页。

④ 桂家友:《国家与社会变革中的城市社会治理研究》,上海人民出版社,2015 年,第 242 页。

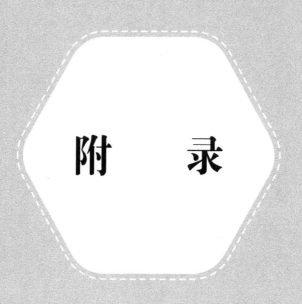

附　　录

附录 1 〉〉

关于建立区域化党建工作联席会议制度的通知

各党委(总支、支部):

深入贯彻落实中央和省、市、区委关于加强城市基层党建工作部署,实现街道社区党建、单位党建、非公有制经济组织和社会组织党建互联互动、协同推进,全面提升街道城市基层党建工作水平,推进城市基层党建工作各项任务要求的落实落地。经研究,现就建立街道区域化党建工作联席会议制度通知如下。

一、工作职责

(一)区域化党建工作联席会议职责

1. 贯彻落实中央和省、市、区委关于街道社区、非公有制经济组织和社会组织等城市基层各领域党建工作的部署要求,结合工作实际,加强对街道大党工委、社区大党委等区域化党建工作的调查研究,加强总体设计,研究制定推进措施。

2. 协调、指导成员单位按照职责分工,分别承担城市基层党建工作的具体任务,研究相关配套政策,推动各项工作落实。

3. 定期沟通交流城市基层党建工作情况,研究解决制约工作开展的困难和问题。

4. 协调组织开展各类服务群众的党建活动。

(二)区域化党建工作联席会议成员单位职责

1. 成员单位应遵守区域化党建工作联席会议制度,积极完成联席会议部署的工作和任务,认真执行联席会议达成的决议或意见。

2. 成员单位要结合本单位党建工作的情况,深入调查研究,积极融入街道社区党建、民生服务、社区管理等全方面工作,认真总结党建工作经验,不断提高自身党建工作水平。

3. 成员单位要结合本职工作,积极向区域化党建工作联席会议建言献策,协同推进城市基层党建工作。

二、组织管理

(一)联席会议实行由街道党工委牵头,党工委所属相关社区党组织、驻地机关事业单位党组织、非公有制经济组织和社会组织党组织等共同参加。

(二)联席会议成立区域化党建工作联席会议工作领导小组,设组长1名,由街道党工委书记兼任;副组长2名,可由街道党工委副书记、街道两新组织综合党委书记等兼任;成员若干名,由街道党工委所属相关社区党组织、驻地机关事业单位党组织、非公有制经济组织和社会组织党组织负责人兼任。

(三)联席会议的常设机构为区域化党建工作联席会议工作领导小组办公室,办公室设在街道党工委政工科,办公室主任由政工科长兼任,具体负责联席会议日常工作的沟通联络、协调落实。各成员单位须指派专人负责有关联络事宜,定期沟通工作情况。

(四)区域化党建工作联席会议工作领导小组组长、副组长、成员等如有变动,原则上由该成员单位相应职务者自然替补。联席会议成员单位、人员构成发生变化的,须及时报告联席会议办公室,由联席会议办公室通报各成员单位。

三、运行机制

(一)定期沟通。联席会议原则上每季度召开一次,根据工作需要可随时召开,主要任务是传达学习中央和省、市、区委部署要求,交流推进区域化党建工作有关情况,分析工作中存在的困难和问题,研究制定分工推进措施。每次会议须形成会议纪要。联席会议工作小组组长负责召集联席会议,联席会议工作小组组长不能参加会议时可委托副组长召集。

(二)日常联系。建立联席会议联络员经常性联系沟通机制,各成员单位可根据实际情况和工作特点向街道党工委建议会议的议题,合力推进城市基层党建工作。

(三)工作推进。根据工作需要由街道党工委牵头,采取情况调度、定期通报、开展调研、专项督查等方式加强工作调度,推动面上工作开展。

(四)考核评价。根据实际工作需要,建立区域化党建工作联席会议考核评价体系,突出正向激励,健全激励、约束制度。

中共九水街道工作委员会

附录 2 》》

关于实施"党建引领惠民生""七个九水"建设的实施方案

各社区：

为深入贯彻落实党的十九大和省、市、区关于全面从严治党、提升社会治理水平要求，加快李沧区社区"两委"主要负责人研修班学习成果转化，经九水街道党工委研究，2018 年街道将实施"党建引领惠民生"项目，具体方案如下。

指导思想：坚持以马克思列宁主义、毛泽东思想、邓小平理论、"三个代表"重要思想、科学发展观、习近平新时代中国特色社会主义思想为指导，深入学习贯彻党的十九大精神。牢固树立政治意识、大局意识、核心意识、看齐意识，坚持党要管党、全面从严治党，切实把社区党组织建设成宣传党的主张、贯彻党的决定、领导社区治理、带领服务群众的坚强战斗堡垒，推动社区党建全面过硬、社区便民利民服务水平全面提升。为落实区第六次党代会部署，努力在打造宜业宜居宜身宜心的创新型花园式中心城区过程中走在前列。

一、目标要求

把握一个目标：党建引领，提升社区治理水平。明确一个核心：加强党的全面领导。坚持一个宗旨：提高居民幸福感、满意度。围绕一个目标：分类推进实施，年内各社区实现党建出亮点，社区出特色，社区党组织实现全面过硬。突出 7 大版块：即开展凝聚九水、幸福九水、活力九水、和谐九水、美丽九水、平安九水、为民九水建设，实现九水街道综合实力、城市面貌、便民利民整体水平提升。

二、实施内容及责任分工

（一）"凝聚九水"建设工程

1. 目标导向：全面加强基层党建，基层党组织的领导力、凝聚力进一步凝聚，党员带头引领作用进一步强化，推动实现基层党建水平过硬。

2. 活动载体：按照"大学习、大调研、大改进、大督促"活动和"不忘初心牢记使命"主题教育部署要求，在做好规定动作的基础上，突出做好"联""强""亮"三篇文章。① 开展"支部堡垒"建设。各社区要围绕增强党组织凝聚力和党员群众向心力，将抓手下移到每一个支部，实现"宣传引领在支部，担当表率在支部，党员管理在支部，便民行动在支部，志愿活动在支部"，全面打造过硬支部。加大党员队伍的培训教育，以学懂弄通落实党的十九大精神和习近平新时代中国特色社会主义思想为核心，不断提高"三会一课"以及"主题党日"质量，党组织战斗堡垒作用进一步加强，党员队伍的带头作用和执行力进一步激发。② 开展"党员联户、区域联建"活动。各社区围绕经济、民生发展需求和突出问题，开展走访调研。加大与辖区内及周边单位、社区及社会组织等第三方的互联互动。建立健全社区联席会议制度，以党建为引领，整合各类资源，发挥多方优势，切实打通联系群众的"最后一公里"。③ 实施"社区品牌"建设。各社区以区委六次党代会及 2018 年工作要点为引领，要把基层党建作为一项系统工程，注重党建与经济、民生等工作的协同性，按照"因地制宜、因势利导、有步骤有次序推进"的原则，结合未来 3 年社区发展规划，提炼并打造社区品牌，并围绕品牌建设开展各方面工作，推动形成"党建为核心的一社区一特色"改革发展生动局面。

牵头领导：××

牵头科室：政工科

（二）"幸福九水"建设工程

1. 目标导向：以提高社区治理水平为目标，突出"社区－社工－社会组织－物业"联动，突出社区治理结构完善和模式创新，推进城市社区和村改居社区居民融合发展，提升居民幸福感和满意度。

2. 实施载体：① 实施"幸福乐居"民生工程。已回迁社区，要加快推进房产证办理。坚持"统筹协调，积极推进"，积极与房产等部门沟通，争取今年完成尤家、毛公地社区居民安置房房产证办理，适时启动郑庄社区房产证的办理工作。将回迁社区要提前制订回迁方案。于家下河、王家下河社区提前谋划，掌握居民动态，精细制订方案和工作流程，保证居民顺利回迁。未回迁社区要加快推进区安置房建设，庄子、刘家下河社区要克服重大活动带来的影响，保证安置房建设质量并按期交付。② 实施"颐养宜生"养老工程。借助九水街道得天独厚的生态和环境优势，已回迁社区及城市社区要依托市民中心建设，将养老功能作为一项重要惠民举措予以高标准打造。发挥社区党员、志愿者的作用，可探索通过购买服务的方式引入"第三方"专业团队,加强辖区内李沧区社会福利院等养老机构的合作,打造九水养老服务体系。③ 开展"邻聚力,一家亲"融合互助项目。根据区域特点促进毛公地、尤家下河社区与城市社区宾川路结对,打造"友邻尤家""乐聚宾川""居民一家亲"三个子品牌,以基层党建为引领,推进四融(融心、融情、融力、融爱)服务。依托市民中心、党群服务中心,增加服务事项,扩大服务范围,创新服务形式,不断促进村改居社区向城市社区顺利过渡,促进居民文明程度不断提升。在延川路社区开展"新社区成长"工程,发挥社区社团、周边企业作用,不断完善基层组织服务功能,健全硬件设施,健全各项制度,提升服务群众水平,打造示范社区,通过"搭平台、强服务、建队伍",满足老、中、青、幼不同层次的居民需求。

牵头领导:×××、×××

牵头单位:街政科

(三)"活力九水"工程

1. 目标导向:加强群众文化、体育工作,不断满足居民精神文化诉求。各社区要打造文化特色队伍 10 支,规范化文化阵地 5 个,组织居民活动 20 场次,宣传报道 20 次。

2. 实施载体:① 欢歌九水品牌。② 上级部门部署的文化体育活动。③ 围绕社区便民服务品牌,自行组织各类文体活动。

(四)"和谐九水"工程

1. 目标导向:以"上合"峰会等重大活动为契机,走信访积案化解之路,将"接访、下访、走访"结合起来,将维稳、化解、建立长效机制结合起来,补齐制约辖区经济社会发展的关键难点,营造九水和谐稳定的良好氛围。

2. 实施载体:① 开展"信访稳控攻坚年"活动。一是逐项梳理信访事项。每一件都要做到"信访人诉求、信访事件背景、已采取的措施、相关法律、化解的时间节点和举措""六明确"。二是逐人见面约谈。对重点人员,街道层面,街道党工委书记每人必谈;社区层面,包社区领导及社区书记每人必谈,了解思想动态、诉求倾向。三是力求全部化解。每件都要"定责任人,定节点和时限"。对诉求合理合法的要打通、拓宽化解渠道;不合理合法的则坚决予以打击。② 开展"舆情和应急处置提升年"工程。针对市、区、街道重大活动带来的舆情和应急处置压力,要提升街道、社区党员干部的舆情引导和应急处置水平。一是建立舆情宣传队伍。加大培训,明确舆情应对的重要环节和举措,必要时发挥舆情信息员及党员群众的作用,引导社情民意。二是落实舆情和应急处置责任。包社区的街道领导要切实负责,尤其是对网络舆情等意识形态领域的工作,要加大关注力度,注意吸取经验教训,防止舆情发酵。三是加大正向宣传力度。每个已回迁村改居及城市社区都要建立微信公众号,及时把党的声音、活动信息等正面声音传递出去,加大正面宣传力度;同时,加强对矛盾隐患的提前预判,社区及时发现、及时上报,街道要指导社区处置好苗头性问题。

(五)"美丽九水"工程

1. 目标导向:按照全国文明城市创建的标准,优化城区面貌,美化辖区环境,打击违法行为,保持整改效果,保护青山绿水。

2. 实施载体:以"美丽青岛"建设为抓手,推进美丽九水建设。一是强化精细管理,持续加大环境综合整治力度。针对违法建筑、渣土堆等,加大处置力度,实现新增违建零增长。积极推行街长制,把管理责任落实到最后一米、最后一人。二是健全城管联席会议制度,协调城管执法、房产管理、建管、规划、城管办、爱卫会、物业办、市场监督所、派出所等相关职能部门,每季召开联席会议,提升联动工作机制效力。对去年"美丽青岛"活动督导问题开展回头看,保证问题不反弹。积极开展创建文明城市活动,提升辖区整体形象。

牵头领导:×××、×××

牵头科室:城管科

(六)"平安九水"工程

1. 目标导向:结合街道实际,在社会治安、生产安全、山林安全、食品安全等方面齐抓共管,建立"平安九水"联席会议长效机制,维护辖区的长治久安。

2. 实施载体:① 实施"天眼"全覆盖工程。各社区对小区内监控情况摸清底数,争取监控覆盖"零遗漏"。② 开展"安全进社区"活动。吸取年后西子公寓起火事件教训,加大对社区居民、驻街单位的消防演练和宣传教育。定期督促物业就楼道消防安全进行检查,并在社区宣传栏定期公开检查情况。③ 实施综合治理网格化管理。各社区根据小区、企业、网点等细化网格,统筹综治、消防、安全生产等各项职责,多元合一,每个网格实现"定人、定岗、定责任、定范围",织密辖区安全网,切实成为辖区居民的守护者。

牵头领导:×××、×××

牵头科室:综治办、安监科

（七）"为民九水"工程

1. 目标导向：以"治官治吏　便民利民"专项行动为指导，以解决居民反映集中的问题为导向，以居民满意为目标，着力破除"形式主义""官僚主义"，持之以恒纠"四风"，不断实施便民利民举措，提高办事效率和诚信度，做"忠诚、干净、担当、表率"的合格干部。

2. 实施载体：① 开展"窗口整顿行动"。一是整顿办公环境。便民大厅及各科室是便民服务的窗口，各窗口要做到办公环境整洁，桌面上不放与工作无关的物品，每天对办公环境进行清理。二是提升服务水平。接待居民热情友好，工作流程顺畅；以让居民"少跑一次腿"为目标，扩大帮办服务事项。② 启动"制度建设"。一是健全学习制度。街道层面，党员学习由各党小组组长负责，其他干部职工学习由科室长负责，政工科统筹督导。社区层面，制订社区"两委"、党员、居民代表定期学习制度和学习计划，由街道纪工委、政工科负责制度落实的督导。二是严格上下班及值班制度。上班不购物、不聊天、不玩游戏、不迟到早退，中午不饮酒，值班期间全程不脱岗，交接班到位，由街道纪工委和党政办负责督导。三是完善联系社区制度。联系社区分管领导和科室负责人，要结合"大学习、大调研、大改进、大督促"活动，沉到一线，搞好调查研究。基层党建工作要围绕信访事项、社区治理帮助社区破解难题、提升水平、打造亮点。党员干部要落实双重组织生活制度，加强对社区党建的指导力度，落实情况由纪工委牵头督导。四是严格落实"三重一大"议事制度。按照党工委议事制度分别做好党工委会议记录和党政联席会议制度记录，对重大人、事、物、资等事项，坚持会议研究，纪工委和相关科室督导到位。

三、工作步骤

1. 宣传动员阶段（2018 年 3 月 20 日—4 月 15 日）。各牵头科室根据方案，制定详细的实施细则，征求社区和居民意见，广泛宣传发动。

2. 项目建设阶段（2018 年 4 月 16 日—2018 年 12 月）。全面启动"党建引领惠民生"7 大工程建设活动，认真落实项目、资金，组织必要的人力、物力、财力，扎实推进。

3. 巩固提升阶段（2019 年 1 月—12 月）。认真总结"党建引领惠民生"7 大工程建设工作经验及存在的不足，进一步完善工作机制，取得扎实成绩，全面提升辖区整体水平。

四、保障措施

"党建引领惠民生" 7个九水工程是建设幸福宜居魅力九水的重要抓手,各社区各科室务必高度重视,切实开展好各项工作。

(一)加强组织领导

成立以街道党工委书记为组长,副书记、办事处主任为副组长,分管领导为成员的"党建引领惠民生" 7大工程领导小组,领导小组下设办公室,办公室设在政工科,办公室主任由××同志兼任,合力推进各项工作落实。

(二)实施分工负责

按照一个牵头领导、一个职能科室、一套实施细则、一个创建时限的"四个一"机制全面推进,明确工作目标、职责任务、方法步骤和人员安排。牵头领导负责定期召开会议,研究解决工作中遇到的困难和存在的突出问题、部署下步工作。

(三)强化考核督查

各社区、各科室是开展"七个九水"建设的责任主体,牵头科室要对建设中存在的问题及时给予指导,各社区要每月向牵头领导报告工作进展情况。各科室之间充分发挥职能优势,相互支持配合,切实解决"党建引领惠民生"工作中存在的问题。街道纪工委牵头,与相关科室一道对工程计划节点完成情况进行督导,对工作推进得力的大力表扬,对推进不力的依法依规予以处置。

九水街道党工委

2018 年 3 月 18 日

附录 3 >>

李沧区社区建设工作委员会办公室文件

李沧社工办〔2016〕4 号

关于印发《李沧区关于加强社区协商的实施意见》的通知

各街道办事处:

　　现将《李沧区关于加强社区协商的实施意见》印发给你们,请认真抓好落实。

区社区建设工作委员会办公室

2016 年 11 月 28 日

李沧区关于加强社区协商的实施意见

　　为贯彻落实《中共中央关于加强社会主义协商民主建设的意见》(中发〔2015〕3 号)《中共中央办公厅国务院办公厅印发 < 关于加强城乡社区协商的意见 > 的通知》(中办发 [2015]41 号)以及《关于加强城乡社区协商的实施意见》(鲁办发 [2015]56 号)《关于加强城乡社区协商的意见》(青办发 [2016]38 号)精神和要求,进一步完善基层群众自治制度,稳步开展基层协商,推进社区协商制度化、规范化和程序化,结合我区实际,现就加强社区协商提出如下实施意见。

一、充分认识加强社区协商的重要意义

　　社区协商是社会主义协商民主建设的重要组成部分和有效实现形式。长期以来,区委、区政府贯彻落实党中央关于健全社会主义协商民主制度、推进协商民主广泛多层制度化发展的重大战略部署,高度重视社区协商,不断探索社区民主自治,积极推进社区议事会建设,主动调动社区居民参与的积极性,有效维护了群众切身利益,社区居民自治能力进一步提高,在密切党同人民群众的血肉联系、维护地区社会和谐稳定方面发挥了重要作用。

当前,随着我区经济社会的快速发展,社会结构和利益格局发生了深刻变化,人民群众的思想观念和利益诉求更加多样,民主法治意识和政治参与积极性日益提高。在新的形势下加强社区协商有利于扩大社区居民有序参与,切实解决群众的实际困难和问题,化解矛盾纠纷,维护社会和谐稳定;有利于在基层群众中宣传党和政府的各项方针政策,努力形成共识,推动各项政策落实;有利于找到群众意愿和要求的最大公约数,完善基层群众自治制度,促进基层民主健康发展。

二、总体要求

(一)指导思想

以邓小平理论、"三个代表"重要思想、科学发展观为指导,全面贯彻落实党的十八大和十八届三中、四中、五中全会精神以及习近平总书记系列重要讲话、视察山东重要讲话和重要批示精神,紧紧围绕"四个全面"战略布局,坚持党的领导、人民当家做主、依法治国有机统一,按照协商于民、协商为民的要求,拓宽协商范围和渠道,丰富协商内容和形式,保障人民群众享有更多更切实的民主权利,为建设产业优势、商贸繁荣、生态和谐的宜居宜业新李沧提供有力的基层和群众基础。

(二)基本原则

坚持党的领导,充分发挥社区党组织在基层协商中的领导核心作用,把握社区协商的正确方向。坚持基层群众自治制度,充分保障群众的知情权、参与权、表达权、监督权,促进群众依法自我管理、自我服务、自我教育、自我监督。坚持依法协商,保障社区居民的合法权益,保证协商活动依法依规进行、协商结果合法有效。坚持有序参与,充分尊重社区群众主体地位,鼓励其多领域、深层次参与协商,依法平等理性表达意见和诉求。坚持协商于决策之前和决策实施之中,实现发扬民主和提高效率相统一,增强决策的科学性和实效性,防止议而不决。

(三)总体目标

在全区普遍建立主体广泛、内容丰富、形式多样、环节完整、规范有序、行之有效的"参与型"社区协商体系,社区协商的制度化、规范化和程序化水平大幅提升,社区居民参与协商的能力不断增强。

三、主要任务

（一）实施党建引领工程

在街道党的工作委员会的领导下，根据社区实际，合理确定协商内容，主要包括：地区经济社会发展中涉及社区居民切身利益的发展建设规划以及基础设施建设、集体经济发展和集体资产处置等公共事务、公益事业；当地居民反映强烈、迫切要求解决的实际困难和问题、矛盾纠纷等；党和政府的方针政策、重点工作部署在社区的落实；法律法规规定和政策明确要求协商的事项；居民自治章程、居民公约的制定或修改；社区党组织、社区居民委员会和各类协商主体提出协商要求的事项。

充分发挥社区党组织的政治领导作用，对协商主题和过程进行风险评估和监测，建立健全党代表联系群众制度，确保协商民主的正确方向。充分发挥社区党组织的组织动员作用，组织动员居民和各方力量广泛参与协商实践，取得满足群众意愿与要求的最大公约数和形成集体共识的最大公约数。充分发挥社区党组织的示范带动作用，积极推进党内基层民主建设，不断拓展党内基层民主的实现形式，全面推进社区党务公开，以党内民主带动和促进社区协商发展。

（二）实施教育同行工程

推行协商文化进社区。协商民主植根于中华优秀传统文化，是我国社会主义民主政治的特有形式和独特优势，核心是包容共存、责任共担、平等共议、合作共赢。要在社区大力弘扬协商文化、自治文化和参与文化，激发广大人民群众参与社区协商的主动性和积极性。

加强定期教育培训。积极引导基层党员干部充分认识推进社区协商对于理顺党群干群关系、管理社区事务的重要意义，提高党员干部开展民主协商的能力。全面推广民主议事技术，引导社区居民树立程序意识、规则意识，通过理性协商方式表达利益诉求、增进社会共识。

规范协商民主流程。严格按照党组织提议、事先告知、民主协商、纳入决策、决策反馈、过程监督等六个环节开展民主协商，牢牢把握提议、协商、反馈、监督重点环节，使协商民主规范有序。

（三）实施体系支撑工程

加强多元主体培育体系。协商主体为基层政府及其派出机关、社区党组织、居民委员会、居务监督委员会、居民小组、驻社区单位、社区社会组织、业主委员会、物业服务企业和当地居民、非户籍居民代表以及其他利益相关方。同时,还可以根据协商的事项及内容,邀请相关专家学者、专业技术人员、第三方机构等参与,吸纳威望高、办事公道的老党员、老干部、群众代表、党代表、人大代表、政协委员以及基层群团组织负责人、社会工作者参与。大力发展社区社会组织,发挥社会组织在协商过程中反映利益诉求的作用。增强驻区单位社区参与意识,强化驻区单位社会责任,引导它们自觉履行公共责任。探索培育社区社会企业,发展社区福利,增厚社区社会资本的途径。

建立四级分层议事体系。区民政局建立李沧区协商民主指导中心,街道层面建立协商民主保障中心,社区层面建立社区议事会,楼院层面建立楼院议事厅。李沧区协商民主指导中心负责对全区的协商民主进行统筹推进,并就街道难以解决的重大事项进行协调。街道协商民主保障中心负责协商的规范化和制度化,并牵头对单靠社区牵头无法协商的社区内重要事项开展协商。社区层面建立由社区党组织领导,社区居民委员会主导,业主委员会、物业公司、社区社会组织、驻社区单位、社区经济组织、居民代表等利益相关方参与的社区议事制度。楼院议事会主要是就涉及楼宇(小组、小区)内公共利益以及居民个人权益的事项,由楼宇(小组、小区)党组织或楼宇长、居民小组长组织开展协商;协商达不成一致意见的,由社区党组织和居民委员会牵头组织开展协商。

建立分类协商体系。对社区公共卫生维护、活动开展等议事类问题,采取恳谈会、议事会、论证会等形式,由全体居民议事形成社区公约解决;对社区拆迁、改造等重大决策类事项,由社区党组织为主导,社区居委会和社区各利益方共同参与决策解决;对社区居务公开、三资公开等管理类事项,通过明确居民知情权、社区各组织和单位参与权、社区居委会决策权、社区党组织监督权,规定各主体责任来解决。对社区党组织推选、居委会选举等要求公平公正的监督类事项,通过民主评议、民主测验、述职评议等形式进行监督。

建立完善转衔体系。一是加强与基层群众自治有效衔接。广泛听取、认真吸收相关利益主体的意见和建议,积极吸收相关利益主体参与"居务"的日常管理,充分发挥相关利益主体在社区公共事务中的参与、评价、监督作用。二是加强与社区治理机制的有效衔接。依托居民会议或居民代表会议等协商议事机制,定期召开由社区利益相关方参加的联席会议,拓展各类主体民主协商的渠道和途径,完善社区居民诉求表达、利益协调和权益保障机制。三是加强与社区服务机制的有效衔接。及时发现居民群众的服务需求,虚心倾听居民对社区公共服务的意见和建议,不断提升社区服务水平。四是加强与党内民主、人民民主、政治协商的有效衔接。建立健全党代表、人大代表和政协委员联系社区制度,畅通社情民意表达和反馈渠道,形成各项民主制度的整合合力,最大限度地保障群众的合理诉求和合法权益。

完善协商民主参与体系。在恳谈会、议事会、论证会、议事厅基础上搭建网络议事平台。充分发挥"互联网+"的优势和作用,畅通社情民意网络征集渠道,逐步拓宽协商渠道,利用社区信息平台、社区网站、QQ 群、微信群等现代化手段开展网上协商、线上协商。

(四)实施提质增效工程

建立协商议题落实机制。建立协商议题批办制度,根据协商主题由街道层面相关的主管领导进行批办,批办件纳入效能监察及各项评比中,从而推动协商议题的实质性落实。建立协商议题资金保障制度,可根据各街道社区实际情况,设立专项资金用于协商议题的落实。

建立经验交流机制。将辖区范围内的议题协商和协商议题落实情况编成案例集,并就典型案例进行集中分享和公开宣传,让全区共同学习、共同成长。对成效突出的街道、社区、楼院进行经验总结和表彰,带动全区社区协商水平的提升。

健全社区民主协商监督机制。一是建立社区监督委员会列席会议、重大决策听证、民主议事、分工联系、民情收集、民主评议和监督档案等制度,对社区事务民主决策实行事前、事中、事后全过程监督,推进社会监督组织化、规范化、制度化。二是强化社区"双评双述"制度。社区干部既向街道党工委述职又向社区居民述职,既接受组织评价又接受群众评价,发挥街道的指导、监督和社区居民的监督作用,对社区公共事务开展监督。三是发挥媒体监督作用,借助社区网络平台、社区报等媒介及时向群众公示重大决策执行情况,对协商结果进行跟踪和反馈。

四、组织保障

(一)发挥党的领导核心作用

街道党工委加强对协商工作的组织领导,社区党组织要注意研究解决协商中的困难和问题,及时向街道提出工作建议。社区党组织要认真按照实施意见要求做好协商主体培育、操作流程规范等有关工作,确保社区协商作出成效、起到示范作用。

（二）建立健全保障机制

组织部、财政局、民政局按照省、市关于试点工作的具体要求，探索建立社区协商工作机制，提供必要的经费、场地等保障。街道要把社区协商工作纳入重要日程，结合实际研究、制定具体办法，主要包括明确基层协商程序、制定易懂可学能操作的工作规则和操作规程，为开展社区协商实践提供技术指导，确保目标任务落到实处。

（三）深化认识，明确责任

各街道要高度重视，狠抓工作落实，重点围绕制订工作计划和操作规程、建设示范点等情况开展自查与整改。民政局将把社区协商工作纳入民政工作综合评估，列为重点督查工作内容，对工作推进不力、进展缓慢的街道予以通报。

附录 4 >>

李沧区社区建设工作委员会办公室文件

李沧社工办〔2016〕2 号

关于印发《李沧区社区协商民主示范点建设实施方案》的通知

各街道办事处：

现将《李沧区社区协商民主示范点建设实施方案》印发给你们，请认真抓好落实。

区社区建设工作委员会办公室

2016 年 5 月 16 日

李沧区社区协商民主示范点建设实施方案

为贯彻落实《中共中央办公厅、国务院办公厅印发关于加强城乡社区协商的意见的通知》（中办发〔2015〕41 号）《省委办公厅、省政府办公厅印发关于加强城乡社区协商的实施意见》（鲁办发〔2015〕56 号）《关于加强城乡社区协商的意见》（青办发〔2016〕38 号）精神，进一步完善基层群众自治制度，稳步开展基层协商，推进社区协商制度化、规范化和程序化，决定在文昌苑、紫荆苑、大枣园 3 个社区开展基层协商民主工作试点，现提出如下实施方案。

一、试点目标和总体要求

（一）工作目标

在试点社区普遍建立主体广泛、内容丰富、形式多样、环节完整、规范有序、行之有效的"参与型"社区协商体系，社区协商的制度化、规范化和程序化水平大幅提升，社区居民参与协商的能力不断增强。

（二）指导思想

以邓小平理论、"三个代表"重要思想、科学发展观为指导，全面贯彻落实党的十八大和十八届三中、四中、五中全会精神以及习近平总书记系列重要讲话、视察山东重要讲话和重要批示精神，紧紧围绕"四个全面"战略布局，坚持党的领导、人民当家做主、依法治国有机统一，按照协商于民、协商为民的要求，拓宽协商范围和渠道，丰富协商内容和形式，保障人民群众享有更多更切实的民主权利，为建设产业优势、商贸繁荣、生态和谐的宜居宜业新李沧提供有力的基层和群众基础。

（三）基市原则

坚持党的领导，充分发挥社区党组织在基层协商中的领导核心作用，把握社区协商的正确方向。

坚持基层群众自治制度，充分保障群众的知情权、参与权、表达权、监督权，促进群众依法自我管理、自我服务、自我教育、自我监督。

坚持依法协商，保障社区居民的合法权益，保证协商活动依法依规进行、协商结果合法有效。

坚持有序参与，充分尊重社区群众主体地位，鼓励其多领域、深层次参与协商，依法平等理性表达意见和诉求。

坚持协商于决策之前和决策实施之中，实现发扬民主和提高效率相统一，增强决策的科学性和实效性，防止议而不决。

二、社区协商民主试点工作内容

坚持有事多商量、遇事多商量、做事多商量，找到群众意愿和要求的最大公约数，更好地解决人民群众的实际困难和问题，及时化解矛盾纠纷，促进社会和谐稳定。

（一）稳步推进协商主体多元化

根据协商议题事项的性质、利益关系、复杂程度和影响范围，确定参与协商的主体，主要包括：

1. 街道党工委。

2. 社区党组织、社区居民委员会、居务监督委员会、社区人民调解委员会、居民小组。

3. 驻社区单位、社区社会组织、业主委员会、物业服务企业和当地户籍居民、非户籍居民代表以及其他利益相关方。

协商中应当重视吸纳威望高、办事公道的老党员、老干部、群众代表、党代表、人大代表、政协委员以及基层群团组织负责人、社会工作者、社区法律顾问、人民调解员参与。

（二）逐步实现协商内容菜单化

坚持广泛协商，针对不同渠道、不同层次，合理确定协商内容，主要包括：

1. 社区发展规划、年度计划等重大事项。
2. 居民自治章程和居规民约的制定和修改。
3. 社区财务预决算。
4. 社区绿化、改造、公用设施建设等一事一议筹资筹劳方案。
5. 住宅小区拆迁整治改造、物业管理、保障房分配以及居民其他合法权益的维护保障。
6. 社会救助、社区治安、环境卫生、社区文化、计划生育、精神文明建设和社区服务等公共事务管理。
7. 涉及社区居民切身利益的公益事务、公益事业。
8. 上级重大决策、重点工作部署在社区的落实方案。
9. 社区居民反映强烈、迫切要求解决的实际困难和矛盾纠纷。
10. 法律法规和政策规定明确要求协商的事项。
11. 各类协商主体提出需要协商的事项。

（三）大力创新和丰富协商形式

协商形式可以结合参与主体和具体协商事项确定。法律法规规定由居民会议讨论决定办理的事项，必须经过居民会议讨论决定，通过后方可组织实施。

1. 会议讨论协商。采取户代表会、居民议事会、居民理事会、居民决策听证会、小区协商会、业主协商会等形式开展协商活动。
2. 民主恳谈协商。组织社会各方面代表就关系民生的公共事务、社会热点和难点问题进行座谈讨论，听取意见和建议。
3. 新媒体协商。利用城乡社区信息平台、社区网站、QQ 群、微信群等媒体工具开展网上协商、线上协商。
4. 书面征询协商。涉及社区中的重大公共利益的决定事项以及涉及公民、法人或其他组织切身利益的决策事项，可以采取书面形式征询辖区内有关单位、社会团体和利益相关群体代表人士的意见。

5. 专业协商。对专业性、技术性较强的事项,可以邀请相关专家学者、专业技术人员、第三方机构等进行论证评估,提出协商参考意见和对策措施建议。

6. 其他形式协商。鼓励基层在实践中创新方式方法,形成更多灵活多样、简便易行、务实管用的协商形式。

(四)严格规范协商程序

按照确定议题、事先告知、组织协商等程序开展协商。

1. 确定议题。社区党组织、居民委员会在充分征求意见基础上研究提出协商议题,确定参与协商的相关主体。

2. 事先告知。协商议题确定后由社区党组织、居民委员会制订协商方案,通过多种方式向参与协商的各类主体提前通报协商内容和相关信息。

3. 组织协商。根据确定的协商方案,确保各类主体充分发表意见和建议、平等议事,达成较为一致的协商意见。

对于涉及面广、关注度高的事项,要经过专题议事会、民主听证会等程序进行协商。通过协商无法解决或存在较大争议的问题或事项,应当提交居民会议或居民代表会议决定。跨社区协商的协商程序,由街道党工委研究确定。

(五)科学运用协商成果

建立协商成果采纳、落实和反馈机制。需要社区落实的事项,社区党组织、居民委员会应当及时组织实施,落实情况要在规定期限内通过"居务"公开栏、社区刊物、社区公众微信号等渠道公开,接受群众监督。受政府和有关部门委托的协商事项,协商结果要及时向街道办事处或有关部门报告,街道办事处和有关部门要认真研究吸纳,并以适当形式反馈。对协商过程中持不同意见的群众,协商组织者要及时做好解释说明工作。协商结果违反法律法规的,街道和有关部门应当依法纠正,并做好法制宣传教育工作。

(六)尽早建立协商联动机制

关于街道协商民主建设,建立街道、社区、楼宇(小组、小区)协商联动机制。凡涉及街道辖区内群众普遍关注或反映强烈的重要事项,由街道组织协商。涉及社区公共事务和居民切身利益的事项,由社区党组织、居民委员会牵头,组织利益相关方进行协商。涉及两个以上社区的重要事项、单靠某一社区无法开展协商时,由街道党工委牵头组织开展协商。涉及楼宇(小组、小区)内公共利益以及居民个人利益的事项,由楼宇(小组、小区)党组织或楼宇长、居民小组长组织开展协商;协商达不成一致意见的,由社区党组织牵头组织开展协商。

三、组织保障

（一）发挥党的领导核心作用

街道党工委加强对协商工作的组织领导，社区党组织要注意研究解决协商中的困难和问题，及时向街道提出工作建议。社区党组织要认真按照实施方案要求做好协商主体培育、操作流程规范等有关工作，确保示范点作出成效、起到示范作用。

（二）建立健全保障机制

组织部、财政局、民政局按照省、市关于试点工作的具体要求，探索建立社区协商工作机制，提供必要的经费保障、便利场地等。街道要把社区协商工作纳入重要日程，结合实际研究制定具体办法，具体包括明确基层协商程序、制定易懂可学能操作的工作规则和操作规程，为开展城乡社区协商实践提供技术指导，确保目标任务落到实处。

（三）深化认识明确责任

各街道要高度重视，狠抓工作落实，重点围绕工作部署推进、具体工作规则和操作规程、示范点建设等情况开展自查与整改。民政局将把社区协商工作纳入民政工作综合评估，列为重点督查工作内容，对工作推进不力、进展缓慢的街道予以通报。

附录 5 》》

青岛市李沧区民政局文件

李沧民字［2017］21 号

关于印发《李沧区社区协商事项指导目录》的通知

各街道办事处：

为认真贯彻落实《市委办公厅、市政府办公厅关于加强城乡社区协商的意见》的通知(青民基〔2016〕38 号)，扎实推进城乡社区协商工作，经过前期调查摸底、反复征求意见并修改完善，形成了《李沧区社区协商事项指导目录》，现印发给你们，请结合实际认真贯彻执行。

2017 年 10 月 25 日

李沧区社区协商事项指导目录

序号	类别	事项	备注
1	制度建设类	业主公约、居民公约(村规民约)、村(居)民自治章程的制订和修改	
2		民主管理、民主监督、民主评议制度的制订和修改	
3		财务管理制度的制订和修改	
4		小区自治管理规约的制订和修改	
5		小区重大议事流程、议事规则的制订和修改	
6		小区公共收支管理办法	
7	公共事务类	兴修道路、桥梁、水利等公益事业的一事一议建设管理方案	
8		供电、供水、供气、通信、电视、网络等行业服务设施建设、收费、管理、维护	
9		集体资产或土地征收征用补充分配使用等方案	
10		物业公司选聘	
11		物业与业主公共管理事务	

（续表）

序号	类别	事项	备注
12		小区公共部位广告招租	
13		地质灾害的整治	
14	为民服务类	小区业主委员会的设立、改选	
15		亮化绿化、电梯、二次供水养护管理，日常保洁	
16		下水道、道路、化粪池疏通整修，公共停车位设定及管理，遮阳、雨棚安装	
17		通讯光缆、弱电线路安全隐患部门协商	
18		大面积房屋质量、阳光权	
19		邻里纠纷调处	
20	公益事业类	居民文体活动	
21		慰问困难党员、困难群众、爱心帮扶	
22		妇女儿童社会工作	
23		公益广告制作及安放	
24		健身器材的选址	
25		门禁改造、视频监控、电子快递柜、充电桩设立	
26		公共部位设施修缮	
27		精神文明创建活动及宣传	
28		志愿服务活动及宣传	
29		社区公益事业基础设施建设及管理	
30	民主监督类	社区事务公开	
31		社区财务公开	
32		维修基金监管使用	
33		公共资金收支监督	
34		物管服务、社区工作群众满意度测评	
35		举报信箱	
36	居务管理类	社区发展规划和年度计划	
37		社区建设整治和拆迁改造规划、计划的编制和调整	
38		财务预决算	

（续表）

序号	类别	事项	备注
39	居务管理类	集体经济项目的立项、承包、招投标方案	
40		集体资产资源和经济项目发包出租	
41		居民小组的划分、网格的划分	
42		推选居民小组长、楼栋长	
43		社区网格员奖励惩罚制度	
44	财务管理类	财务预决算	
45		集体经济大额资金的使用	
46		集体举债	
47		集体资产处置	
48		社区收益分配	
49		社区财务安排及大额资金的管理使用	
50	党务管理	在职党员进社区活动及管理	
51		社区社会组织的培育发展	
52		党员发展和党员活动	
53	其他类	法律法规和政策明确要求协商的事项	
54		当地居民反映强烈、迫切要求解决的实际困难、问题和纠纷	

附录6 >>

延川路社区社区治理调研问卷

1. 你的年龄是

A. 小于 22 周岁　　　　B. 22～45 周岁　　　　C. 46～55 周岁

D. 大于 56 周岁

2. 你对现在所在社区的管理方式满意吗？

A. 满意　　　　　　　B. 基本满意　　　　　　C. 无所谓

D. 不满意　　　　　　E 非常不满意

3. 你认为现在所在社区应该由谁来管理？

A. 业主委员会　　　　B. 街道居委会　　　　　C. 业主及街道共同管理

D. 无所谓　　　　　　E. 其他，请列举

4. 你或你的家庭成员参加过何种形式的社区管理活动？

A. 业主大会　　　　　B. 居委会选举　　　　　C. 社区共建活动

D 社区志愿者　　　　　E. 其他（请举例说明）　　F. 未参加过

5. 你认为当前社区所存在的主要问题有

A. 安全问题　　　　　B. 绿化、健身设施等公益设施及其维护服务缺乏等

C. 停车位、垃圾箱等公共必要设施及其维护服务缺乏等

D. 居民交流缺乏　　　E. 其他（请列举）

6. 你认为居民是否应该参与社区管理

A. 是　　　　　　　　B. 否　　　　　　　　　C. 无所谓

7. 你认为居民不愿意参与社区治理的原因

A. 居民对社区归属感不强

B. 对居委会办事能力与效率的信任度和信心低

C. 居委会独裁,即使参与也只是形式,不能达到预期结果

8. 当你在小区遇到问题时,首先会想到通过何种途径解决?

A. 物业公司　　　　　B. 居委会　　　　　C. 业主委员会

D. 派出所　　　　　　F. 法律途径　　　　G. 其他

9. 你对所在社区居委会的工作是否了解?

A. 非常了解　　　　　B. 了解部分　　　　C. 完全不了解

10. 你会主动向社区反映问题吗?

A. 会,这是我的权利

B. 不会,反映了也没用

C. 不知道,没想过

D. 我觉得没什么好反映的

11. 你向社区反映过的问题,社区为你解决了多少?

A. 没反映过

B. 反映了,但是没解决

C. 解决了很少一部分

D. 全部解决了

12. 你认为可以从以下哪些方面提高居民参与社区管理的积极性?

A. 多宣传,使居民更了解参与的重要性

B. 财务公开、选举等程序实现透明

C. 及时为居民发布重要信息

D. 给予居民更多的参与空间

E. 对于居民的参与给予积极的回应

F. 其他(请列举)

附录 7 〉〉

中共青岛市李沧区九水街道延川路社区委员会

关于开展"共建议事会"工作的实施方案

为适应城市基层党建新形势新要求,积极探索和构建区域化党建新格局,不断提升社区党的建设科学化水平,对标区委区政府提出的"新时代、新担当、新作为、新奇迹"的工作要求,根据中央、省、市、区关于加强和创新社会管理的要求部署,经社区党支部研究报街道党工委批准,决定在社区推行"共建议事会"。现结合社区实际,制订本方案。

一、指导思想

以邓小平理论、"三个代表"重要思想和科学发展观以及习近平新时代中国特色社会主义思想为指导,深入贯彻落实党的十九大精神,紧密结合创先争优和基层组织建设的相关要求,实施区域化党建的体制机制创新,推行社区"共建议事会",积极探索构建以社区党组织为核心、驻区单位党组织共同参与的城市基层党建工作联建共建协调机制,不断拓宽党组织的工作领域和影响力,努力达到"组织网络、党建工作、党员管理、社区服务"四个全覆盖,为加快延川路社区科学发展、和谐发展、跨越发展提供组织保证。

二、目的、意义

开展"共建议事会"工作既是适应形势发展的迫切需要,也是以改革创新精神推进区域化党建工作的具体实践。"共建议事会"以区域化为基础,以社区党支部为召集单位,在辖区内召集有一定影响的驻区基层党组织、单位,通过属地化管理、网格化运作,努力实现基层党建工作"全覆盖、新跃升、无缝隙、立体化",为驻社区友邻单位实现"资源共享,优势互补,有事互帮,共同提升,和谐发展"

提供平台,为辖区经济社会全面协调可持续发展提供组织保障。

三、组织设置

(一)议事会组成

"共建议事会"是在社区党支部的基础上,把社区辖区内有一定影响的友邻单位基层党组织作为议事会成员,共同讨论、决定区域性党建工作及重大公共事务的区域化党建工作机构。

(二)议事会职责

1. 共同讨论、决定区域性党建工作及重大公共事务,并积极做好落实工作。

2. 负责对本单位和共建单位的宣传发动,督促落实"共建议事会"作出的各项决定、决议和工作安排。

四、议事规则

(一)议事决策的内容、形式、范围

"共建议事会"主要职责是讨论、决定区域性党建工作及重大公共事务。

1. 议事内容:区域性党建工作及重大公共事务。

2. 议事形式:会议讨论决定。

3. 议事范围:区域性党建工作,文明单位(小区)、平安单位(小区)创建工作,和谐社区建设工作,区域性精神文明建设活动,成员单位需要其他单位帮助解决的事项,社区共驻共建工作,其他需要决策的区域性重大公共事务。

(二)议事制度

1. 社区"共建议事会"会议原则上每季度召开一次,特殊情况可随时召开。

2. 社区"共建议事会"会议由延川路社区党支部召集并主持,必须有 4/5 以上成员到会方能举行。

(三)议事程序

1. 确定议题。会议议题报"共建议事会"审定,会议一般不临时增加议题。

2. 预先告知。经确定的会议时间、议题,除讨论紧急事项临时召集的会议外,一般应在开会前 2～3 个工作日由延川路社区党支部通知到每位议事会成员。

3. 决定问题。在"共建议事会"会议上,各位议事会成员都要充分行使民主权利,积极发表意见。讨论决定问题时,按照少数服从多数的原则进行表决。

4. 形成纪要。经"共建议事会"会议形成的决定或决议,应按照要求规范记录,妥善保管;决定或决议的内容应及时通报,抓好贯彻落实。

五、工作机制

通过建立健全各类工作制度,让社区"共建议事会"工作更加规范化、制度化,其主要机制如下。

(一)健全共驻共建工作制度

共驻共建框架协议、共驻共建制度协议以街道建立的大工委制度为基础和指导,社区党支部结合实际,与共驻单位协商签订共驻共建协议,建立联席会议制度,为推行"共建议事会"制提供制度保障。

(二)明确职责任务及推进时限

按照街道党工委的要求,社区党支部及时确定时限,确保社区"共建议事制"顺利实施。9 月 10 日前,制订工作方案并与驻区单位签订共建协议;9 月 15日前,协商制定"共建议事会"工作制度及运行机制;10 月 15 前制定共驻共建长效机制,开展共驻共建活动并及时总结,报街道党工委备案。

六、工作要求

(一)加强领导

要把建立"共建议事会"落实党的十九大精神作为重要政治任务摆上重要议事日程,认真研究部署,科学制订工作计划,认真组织实施,确保各项工作任务落到实处。

(二)加大宣传

区域化党建工作涉及面广、工作量大,探索性和创新性都很强,社区党支部将不断扩大宣传面,让更多的友邻单位参与到社区党建工作中。

(三)探索创新

要结合自身实际,大胆创新工作举措,积极完善社区党建网格化管理机制,稳步有序地推进区域化党建工作。围绕当前党建工作中存在的问题,努力在组建过程中攻克难点、突出重点,不断探索新形势下做好区域化党建工作的新方法、新途径。

（四）强力推进

采取有效措施，加大推进力度，确保创出特色、取得实效、形成合力，共同推进区域化党建工作格局。

中共青岛市李沧区九水街道延川路社区委员会

2018 年 11 月 10 日

参考文献 >>

[1] 习近平. 决胜全面建成小康社会 夺取新时代中国特色社会主义伟大胜利 [M]. 北京：人民出版社，2017.

[2] 习近平. 习近平谈治国理政：第二卷 [M]. 北京：外文出版社，2017.

[3] 民政部编写组. 中共中央、国务院关于加强和完善城乡社区治理的意见辅导读本 [M]. 北京：人民出版社，2017.

[4] 夏建中. 中国城市社区治理结构研究 [M]. 北京：中国人民大学出版社，2012.

[5] 李强. 协商自治：社区治理 [M]. 北京：社会科学文献出版社，2017.

[6] 沈原等. 社区治理：价值匹配分析方法 [M]. 北京：社会科学文献出版社，2018.

[7] 罗家德，梁肖月. 社区营造的理论、流程与案例 [M]. 北京：社会科学文献出版社，2017.

[8] 桂家友. 国家与社会变革中的城市社会治理研究 [M]. 上海：上海人民出版社，2015.

[9] ［美］弗朗西斯•福山. 信任：社会美德与创造经济繁 [M]. 彭志华，译，海南：海南出版社，2001.

[10] ［美］罗伯特•D. 帕特南. 使民主运转起来 [M]. 王列，等，译. 南昌：江西人民出版社，2001.

[11] ［美］詹姆斯•S. 科尔曼. 社会理论的基础 [M]. 邓芳，译. 北京：社会科学文献出版社，1990.

[12] ［法］皮埃尔•布迪厄. 布迪厄访谈录：文化资本与社会炼金术 [M]. 包亚明，译. 上海：上海人民出版社，1997.

[13] ［美］戈德•史密斯,威廉•埃格斯. 网络化治理:公共部门的新形态 [M].
      孙迎春,译. 北京:北京大学出版社,2008.

[14] 孙柏瑛. 当代地方治理:面向 21 世纪的挑战 [M]. 北京:中国人民大学出
      版社,2004.

[15] ［美］迈克尔•麦金尼斯. 多中心治道与发展 [M]. 王文章,等,译. 北京:
      三联书店,2000.

[16] 邓正来. 市民社会理论的研究 [M]. 北京:中国政法大学出版社,2002.

[17] 史蒂文•瓦戈. 社会变迁 [M]. 王晓黎,译. 北京:北京大学出版社,2007.

[18] ［美］理查德•C. 博克斯. 公民治理:引领21世纪的美国社区 [M]. 孙柏瑛,
      等,译. 北京:中国人民大学出版社,2000.

[19] 高红. 社区社会组织与城市基层合作治理 [M]. 北京:人民出版社,2016.

[20] 邱梦华,等. 城市社区治理 [M]. 北京:清华大学出版社,2013.

[21] 顾朝曦,王蒙徽. 社区治理现代化探索研究 [M]. 北京:人民出版社,
      2015.

[22] 陈诚. 社区治理能力评估指标体系研究 [M]. 北京:经济日报出版社,
      2017.

[23] 连玉明. 基层治理:国际社区治理经验与模式 [M]. 北京:中国发展出版
      社,2018.

[24] 刘春荣. 社区治理与中国政治的边际革新 [M]. 上海:上海人民出版社,
      2018.

[25] 卢俊秀. 制度变迁背景下的社区治理:基于广州市一个城中村的实证研究
      [M]. 广州:华东理工大学出版社,2017.

[26] 卢磊. 民办社工服务机构:作为一种新型社会组织 [N]. 公益时报,2018-
      08-28(015).

[27] 张辉. 亟待构建社工文化认同 [N]. 福建日报,2016-07-06(009).

[28] 李芳. 政府购买社工服务地方推进困境何在 [N]. 中国社会报,2015-05-
      29(005).

[29] 林学达. 新加坡社区治理与服务模式 [N]. 中国社会报,2014-10-07(007).

[30] 王德福. 城市社会转型与社区治理体系构建 [J]. 政治学研究,2018(05):
      6-9.

[31] 闵兢,张明珠. "互联网＋"背景下的城市社区治理创新研究 [J]. 改革与
      开放,2018(02):113-115.

[32] 陈丽英,李有杰.十年磨一"建":北京社会建设十年回顾与未来展望[J].社区 2018(上):5-9.

[33] 叶良海、吴湘玲.清单式治理:城市社区治理新模式[J].学习与实践,2018(06):108-115.

[34] 葛天任,李强.我国城市社区治理创新的四种模式[J].西北师大学报,2016(06):5-13.

[35] 万仁德,李欣.文化建设与城市社区治理[J].江汉大学学报(社会科学版),2017(06):63-69+119.

[36] 郑杭生,尹雷."社会互构论"视野下的 城市社区文化建设刍议:基于南海的案例分析[J].学习与实践,2014(05):104-110.

[37] 朱静辉.双重链条与耦合治理:社区治理结构的一个分析框架[J].宁夏社会科学,2018(04):156-162.

[38] 陈世香,黄冬季.协同治理:我国城市社区公共文化服务供给机制创新的个案研究[J].南通大学学报(社会科学版),2018(05):120-128.

[39] 曹月柱.区域化党建研究现状述评[J].上海党史与党建,2012(07):49-51.

[40] 李三虎.基层党建品牌战略:身份政治与社会认同[J].探求 2016(06):12-19.

[41] 施小明,袁媛,尚娅.基层党建品牌建设科学化研究[J].上海党史与党建,2012(06):36-38.

[42] 肖剑忠.社区党建引领社区治理何以可能:北仑区大碶街道学苑社区城市基层党建品牌"红立方"调查研究[J].中共杭州市委党校学报,2017(05):24-28.

[43] 郑安兴.社区治理现代化的意涵阐释[J].华南师范大学学报(社会科学版),2018(03):137-142.

[44] 胡振光.从单一主体到多元结构:社区治理结构研究述评[J].社会科学动态,2017(12):87-93.

[45] 王海荣,等.党建引领城市社区治理创新:问题与发展[J].中共福建省委党校学报,2018(02):36-38.

[46] 李青文.党建引领下的城市社区治理机制研究[J].齐齐哈尔大学学报,2018(05):46-55.

[47] 曹海军.党建引领下的社区治理和服务创新[J].政治学研究,2018(01):

95-98.

[48] 郑如茹,刘中起. 近年来我国城市社区权力秩序研究述评 [J]. 上海行政学院学报,2018(05):101-111.

[49] 戴雯洁. 城市社区治理中存在的问题与对策研究 [J]. 法制与社会,2018(02):125-127.

[50] 袁方成. 国际治理与社会成长:城市社区治理的中国情景 [J]. 南京社会科学,2014(08):55-63.

[51] 陈蕾. 社会组织参与城市社区矛盾化解的影响因素 [J]. 党政论坛,2018(09):38-40.

[52] 陈光普. 社区社会组织培育亟待破解多重困境 [J]. 党政论坛,2018(08):30-31.

[53] 陈鹏. 城市社区物业费困局及其思考 [J]. 行政管理改革,2018(06):48-53.

[54] 屈群苹. 城市社区物业费收缴的运作逻辑——以南京一房改房社区为例 [J]. 浙江社会科学,2016(03):104-109+159.

[55] 古雨杰. 论业主委员会的现实困境——以石嘴山市 × 小区为例 [J]. 法制博览,2018(19):157-158.

[56] 倪念红. 业主委员会法律性质探析 [J]. 理论观察,2017(12):120-123.

[57] 彭越. 城市居民参与社区治理的问题、原因及对策研究——以沈阳市第一城社区为例 [J]. 焦作大学学报,2018(03):14-18.

[58] 陈建国. 城市社区治理参与状况及其影响因素——基于北京市问卷调查的实证分析 [J]. 天津行政学院学报,2017(01):11-18.

[59] 黄江富. 社区居民参与机制构建探索——以"我的社区我做主"居民议事会计划为例 [J]. 中国社会工作,2018(22):46-47.

[60] 王佳. 构建更好的城市社区治理协调机制 [J]. 人民论坛,2018(02):62-63.

[61] 邓念国. 城市基层社会管理模式的演变与比较:从"上海模式"到"杭州模式"[J]. 中共杭州市委党校学报,2012(02):40-47.

[62] 郎晓波. 城市社区公共事务分类治理模式的实践与创新:以杭州为例 [J]. 甘肃行政学院学报,2010(06):27-35.

[63] 卢爱国等. "江汉模式":新轮改革目标选择、体制创新及可行性 [J]. 湖北社会科学,2013(01):38-42.

[64] 窦泽秀. 青岛市社区建设模式的形成及特点分析 [J]. 中共青岛市委党校青岛行政学院学报, 2004 (01): 44-47.

[65] 张艳国等. 社会生活共同体建设中的百步亭发展之路——武汉市百步亭花园社区调查 [J]. 江汉论坛, 2010 (06): 127-133.

[66] 田铮. 社区治理绩效研究述评 [J]. 产业与科技论坛, 2018 (15): 81-83.

[67] 王箐. 城市社区民主治理绩效评估体系的构建与指标设计 [J]. 华东经济管理, 2016 (03): 161-169.

[68] 何晓柯. 社区网络论坛对社区治理绩效影响的实证研究——以杭州市大浒东苑社区为例 [J]. 未来与发展, 2014 (11): 51-55.

[69] 马建珍等. 社区治理能力现代化指标体系研究——基于南京的调查 [J]. 中共南京市委党校学报, 2016 (06): 80-87.

[70] 卢学辉. 日本社区治理的模式、理念与结构——以混合型模式为中心的分析 [J]. 日本研究, 2015 (02): 52-61.

[71] 葛天任等. 战后日本基层社区治理经验及对中国的启示 [J]. 地方治理研究, 2018 (02): 23-65.

[72] 康越. 日本社区嵌入式养老发展历程及其经验 [J]. 北京联合大学学报, 2017 (04): 110-117.

[73] 高新军. 美国的社区建设、发展和治理述要 [J]. 江苏城市规划, 2018 (05): 4-7.

[74] 陈文刚, 张鹤. 新时期美国社区学院的变革经验 [J]. 中国成人教育, 2017 (24): 120-122.

[75] 蒋小佩等. 美国社区学院新发展: 特征与趋势 [J]. 职业技术教育, 2016 (12): 65-70.

[76] 何立军等. 美国社区基金会的关键特征及经验借鉴 [J]. 重庆社会科学, 2018 (01): 32-40.

[77] 李素琴、谭恩惠. 美国社区矫正制度对我国的借鉴 [J]. 中国人民大学学报 (社科版), 2012 (05): 149-156.

[78] 陈宇. 空间重构与认同再造: 新加坡互嵌社区中的族际整合及其启示 [J]. 宁夏社会科学, 2018 (05): 155-160.

[79] 桂敏、白新睿. 新加坡社区教育公共服务体系助推社区融合的实践探析 [J]. 中国成人教育, 2018 (12): 93-96.

[80] 王新松. 国家法团主义: 新加坡基层组织与社区治理 的主要经验 [J]. 党

政视野，2015（04）：39.

[81] 边防，吕斌. 基于比较视角的美国、英国及日本城市社区治理模式研究 [J].
国际城市规划，2018（04）：93-102.

[82] 蒙艺，徐宪. 助人自助与社区治理——来自英国的历史经验 [J]. 社会工作
与管理，2018（01）：75-81.

[83] 黄晴，刘华兴. 治理术视阈下的社区治理与政府角色重构：英国社区治理经
验与启示 [J]. 中国行政管理，2018（02）：123-129.

[84] 阎耀军，李佳佳. 英国政府社区治理政策与实践及对我国的启示 [J]. 北京
工业大学学报 2014（04）：8-11.

[85] 朱喜群. 国外城市社区权力研究的理论考察 [J]. 国外社会科学，2018
（02）：28-35.

[86] 李见顺. 社会资本视域下美国社区公民参与的衰落及其对中国的启示——
以帕特南独自打保龄球：美国社区的衰落与复兴为中心的分析 [J]. 武汉理
工大学学报（社科版），2015（03）：505-511.

[87] 刘红等. 多中心治理理论视角下的村改居社区治理研究 [J]. 理论改革，
2018（05）：153-162.

[88] 张康之，程倩. 网络治理理论及其实践 [J]. 新视野，2010（06）：36-39.

[89] 孙国强. 西方网络组织治理研究评介 [J]. 外国经济与管理，2004（08）：
8-12.

[90] 朱宝林，刘胜湘. 协同治理视阈下的北极治理模式创新——论中国的政策
选择 [J]. 理论与改革，2018（05）：38-47.

[91] 李汉卿. 协同治理理论探析 [J]. 理论月刊，2014（01）：138-142.

[92] 韩兆柱，张丹丹. 整体性治理理论研究——历程、现状及发展趋势 [J]. 燕
山大学学报，2017（01）：39-48.

[93] 史云贵、周荃. 整体性治理：梳理、反思与趋势 [J]. 天津行政学院学报，
2014（09）：3-8.

[94] 王立军. 整体性治理——一种文本的解读 [J]. 云南行政学院学报，2018
（02）：162-169.

[95] 胡象明，唐波勇. 整体性治理：公共管理的新范式 [J]. 华中师范大学学报
（人文社科版），2010（01）：11-15.

[96] 胡佳. 迈向整体性治理：政府改革的整体性策略及在中国的适用性 [J]. 南
京社会科学，2010（05）：46-51.

[97] 董治佑. 整体性治理视角下的整体性社区构建 [J]. 华东师范大学研究生学报, 2018（01）:37-41.

[98] 〔美〕罗伯特·B·丹哈特, 珍妮特·V·丹哈特. 新公共服务:服务而非掌舵. 刘俊生译, 张庆东校 [J]. 中国行政管理, 2002（10）:38-44.

[99] 陈世香, 谢秋山. 链接公共性和私人性:登哈特新公共服务理论评述 [J]. 公共管理与政策评述, 2013（02）:89-95.

[100] 潘鸿雁. 基层群众自治实践与制度建设思考以上海市三会制度为例 [J]. 华东理工大学学报（社会科学版）, 2010（05）:20-27.

[101] 郑晓茹. 城市社区项目制治理的行动框架、逻辑与范畴研究 [J]. 上海交通大学学报（哲学社会科学版）, 2018（05）:57-66.

[102] 吕剑亮, 李伟. 中国数字化城市发展模式研究 [J]. 情报科学, 2006（05）:672-675.

[103] 贺寨平. 国外社会支持网研究综述 [J]. 国外社会科学, 2001（01）:76-82.

[104] 叶岚. 城市网格化管理的制度化进程及其优化路径 [J]. 上海行政学院学报, 2018（04）:27-38.

[105] 周志忍等. 政策扩散中的变异及其发生机理研究——基于北京市东城区和S市J区网格化管理的比较 [J]. 上海行政学院学报, 2014（03）:36-46.

[106] 谢珍珍. 社区网格化管理存在的误区及解决的对策 [J]. 未来与发展, 2014（05）:34-36.

[107] 井西晓. 社区网格化管理成效的影响因素——基于回归方法的统计分析 [J]. 新疆财经大学学报, 2017（02）:49-55.

[108] 王木森, 唐鸣. 社区治理现代化:时代取向、实践脉向与未来走向——十八大以来社区治理"政策—实践"图景分析 [J]. 江淮论坛, 2018（05）:126-133.

[109] 黄莹. 人文关怀:社区治理现代化的应有之义 [J]. 人民论坛, 2018（25）:64-65.

[110] 包雅钧. 当前中国社会治理评估的思考 [J]. 科学决策, 2011（07）:80-91.

[111] 课题组. 社区治理能力现代化指标体系研究 ——基于南京的调查 [J]. 中共南京市委党校学报, 2016（06）:80-87.

[112] 李维安等. 网络治理研究前沿与述评 [J]. 南开管理评论，2014（05）：42-53.

[113] 叶本乾，万芹. 新时代党建引领城市社区治理的逻辑契合和路径选择 [J]. 党政研究，2018（06）：39-45.

[114] 青文. 党建引领下的城市社区治理机制研究 [J]. 齐齐哈尔大学学报（哲学社会科学版），2018（05）：36-38.

[115] 李东泉. 美国的社区发展历程及经验 [J]. 城市问题，2013（12）：89-92.

[116] 王名，杨丽. 社区治理的国际经验与启示 [J]. 重庆社会科学，2011（12）：50-56.

[117] 张艳国，李非. "党建＋"在城市社区治理中的独特功能和实现形式 [J]. 江汉论坛，2018（12）：125-130.

[118] 李威利. 空间单位化：城市基层治理中的政党动员与空间治理 [J]. 马克思主义与现实，2018（06）：184-190.

[119] 闵兢，徐永祥. "社区制"治理范式何以可能：基于社会理性的视角 [J]. 学习与实践，2018（11）：93-100.

[120] 李义波. 从城市到社区：改革开放以来城市治理的空间转换与治理创新 [J]. 南京社会科学，2018（05）：89-94.

后记 〉〉

　　《九水模式：李沧区社区治理创新报告》，既是为完成青岛市社科规划项目而作，也是作者多年深入社区、关注社区研究与发展的结果。中国的快速发展是21世纪震动全球的重大事件。在这个过程中，中国社会治理向现代化转型的广度和深度前所未有，其深远影响更是难以估量。社区作为社会治理的基石，其治理转型升级同样引人注目。社区既是亿万社区居民的居住空间，也是其精神家园，更是民主治理的试验田。概括、提炼社区治理模式，总结社区治理的成功经验，对于推进我国基层治理现代化具有重要的现实意义。本书以李沧区九水街道为例，从宏观与微观结合的视角，对发生在李沧九水街道的社区治理实践做了系统扫描，力图由点及面，揭示李沧区乃至整个青岛市社区治理正在发生的重大变化。

　　本书的完成得益于多方帮助，他们的贡献是多方面的，有的提供政策文件，有的提供鲜活的案例，有的贡献自己的真知灼见，可以说，没有这些帮助，本书就无法完成。中国海洋大学出版社责任编辑孟显丽、刘宗寅为本书的出版付出辛勤劳动，在此一并致谢。

　　另外，本书写作过程中参阅了大量的相关学术研究成果并在书中一一做了引注，对相关的研究者也是需要特别感谢的。当然，由于水平有限，错讹疏漏在所难免，敬请谅解。

2019 年 5 月 10 日